La estructura escolar y el trabajo docente

La estructura escolar y el trabajo docente

Mtro. Vicente Sierra Espitia
Dra. Brenda Guadalupe Lejarza Monterrubio

Número de Control de la Biblioteca del Congreso de EE. UU.:   2018902928
ISBN: Tapa Dura   978-1-5065-2449-8
             Tapa Blanda   978-1-5065-2448-1
             Libro Electrónico   978-1-5065-2447-4

Para realizar pedidos de este libro, contacte con:
Palibrio
1663 Liberty Drive
Suite 200
Bloomington, IN 47403
Gratis desde EE. UU. al 877.407.5847
Gratis desde México al 01.800.288.2243
Gratis desde España al 900.866.949
Desde otro país al +1.812.671.9757
Fax: 01.812.355.1576
ventas@palibrio.com
776353

ÍNDICE

INTRODUCCIÓN

En este texto se aborda el problema de la efectividad de la escuela pública de educación básica, al plantear como causa predominante a la actual estructura organizacional, que no puede mejorar sus resultados debido a cómo se encuentra constituida, conclusión a la que se arribó, tras llevar a cabo una investigación en algunas de estas instituciones –concretamente, en el estado de Guanajuato— con base en el modelo de estudio de casos, utilizando un cuestionario semiestructurado, con procesamiento de la información vertida por las personas entrevistadas, enmarcándose en las categorías y subcategorías pertinentes, con el fin de obtener un análisis complejo de la realidad y, de esta manera, estar en posibilidades de determinar cuáles son los elementos de la estructura organizacional de la escuela que más influyen o logran mayor impacto sobre el trabajo de los docentes, lo cual también constituye otra propuesta de este documento, en cuanto a los aspectos metodológicos, susceptibles de ser transferidos a otros centros escolares.

Esto se logró al dar respuesta a la pregunta central: ¿Cuáles son los efectos de la estructura organizacional de la escuela actual sobre el trabajo del maestro?. Y así estar en posibilidades, tras el análisis, de proponer un óptimo diseño educativo, que cubra las demandas y necesidades propias del contexto actual, ya que se parte del supuesto de que la estructura de la organización condiciona en gran medida la conducta e interpretaciones que hacen los maestros de lo que ocurre en la escuela, por lo que para que se dé un cambio positivo, es importante también tener un panorama que trascienda a esa inmediatez de la realidad, enmarcada casi siempre en una institucionalización creciente de prácticas, lineamientos rígidos y visiones parciales.

Cabe aclarar que es también resultado de la participación de estudiantes de Maestría, en ámbitos de las ciencias de la educación, como es el caso de Administración de Instituciones Educativas, quienes apoyaron a la investigación, a partir del acercamiento que se tuvo en diversos centros escolares, con la finalidad de lograr un programa investigativo multinivel y multirregional, el cual a su vez pertenece a un proyecto más amplio, de corte internacional, llamado "Investigación para el diseño de la nueva escuela", el cual se pretende llevar a cabo, de forma paralela, en escuelas públicas a nivel básico, en diferentes países latinoamericanos.

De esta manera, estas líneas pretenden ser, más que una guía, un punto de reflexión donde el análisis se circunscriba a un proyecto mayor, el cual pretenda aumentar el conocimiento sobre los efectos que tiene la estructura organizacional de la escuela sobre el trabajo de conocimiento que realiza el maestro para que, en consecuencia, pueda generar un nuevo modelo y, por ende, se dé forma a una administración educativa que contribuya a mejorar los resultados de eficiencia en las escuelas del país.

CAPÍTULO I. ESTADO ACTUAL DE LA ESCUELA DE EDUCACIÓN BÁSICA

La educación es un fenómeno complejo en donde concurren una gran diversidad de factores, actores y las funciones que desarrollan, de tal modo que las acciones u omisiones de todos estos elementos generan repercusiones y consecuencias (Miklos, 2006); sin embargo, ante esta multicausalidad, la tradición ha sido estudiar al fenómeno educativo por parcialidades, generando visiones reduccionistas; como consecuencia, las propuestas para mejorar la educación han quedado dentro de un mismo paradigma, igualmente tradicional: simplemente las soluciones han sido sobre el señalamiento de lograr más presupuesto, más recursos o financiamiento; más horas de clase para los alumnos; más cursos para los maestros; adecuaciones a los planes y programas de estudio; aplicación de determinado material o recursos didáctico para el trabajo en el salón de clases, entre otras conclusiones parciales, las cuales se traducen en que, en los últimos quince años, la sociedad ha demandado un sinfín de actividades a las escuelas, sin que necesariamente se haya redundado en una eficaz mejora educativa.

De esta manera, se diseñan programas y actividades para cada problema que la sociedad vive, diseñados para que se operen en la escuela, para que el maestro los lleve a cabo en el aula, con los alumnos, pero dejando en el descuido a los planes y programas de estudio, además de otros elementos que están presentes en un ambiente áulico, tanto como extraescolar.

Por ejemplo: los maestros han visto cómo se incrementa significativamente la demanda de servicios educativos de muy diversa índole, a la vez que observan cómo se ha disminuido de manera notable su efectividad, en términos de calidad, equidad y pertinencia, con lo que es fácil concluir que son innumerables las evidencias de que la escuela no está cumpliendo con sus propósitos para los que existe en la sociedad (Hargreaves, 2005).

Por ello es que resulta conveniente hacer las siguientes preguntas: ¿para qué es la educación?, ¿para qué son las escuelas?, ¿qué clase de seres humanos y sociedad se quieren formar?, ¿qué métodos y recursos se deben emplear en el proceso de aprendizaje?, ¿qué organización escolar favorece los mejores resultados que se esperan lograr?, entre otras interrogantes trascendentes, porque una de las grandes preocupaciones de los sistemas educativos en nuestros días ya no es solamente la cobertura de la educación básica, sino más bien el de su efectividad; de esta forma, las administraciones gubernamentales y los propios académicos se han preocupado por realizar investigaciones que ayuden a esclarecer de qué manera puede lograrse que la escuela, como institución, obtenga mejores resultados.

Al mismo tiempo, han extendido la visión investigativa, al cambiar el foco de una perspectiva centrada en los aspectos referentes a la búsqueda del financiamiento de la educación, por el de mejora de los aprendizajes, énfasis en los procesos, preservación de recursos, la sustentabilidad, entre otros, ya que hasta el momento las investigaciones realizadas han sido parciales, generando sólo soluciones simplistas que se enmarcan en los aspectos económicos.

Sin embargo, las evidencias sobre los resultados alcanzados por los alumnos, en términos de aprendizajes, no está relativamente correlacionado respecto a que a mayor inversión se haga, habrá mejores resultados en su desempeño.

Es decir, si se identifica que los principales propósitos de la escuela son educar a los alumnos en diversas destrezas, conocimientos y actitudes, de forma integral, con impacto social e individual, para funcionar ocupacional y sociopolíticamente en la sociedad, cabe reconocer que hay suficientes evidencias empíricas para considerar que la escuela no está cumpliendo con estos propósitos (Fullan & Stiegelbauer, 1997).

Aunque tradicionalmente "la solución" propuesta para apaliar este problema se ha centrado en una cuestión de recursos económicos, a la par de una necesidad de "mayor preparación" de los maestros.

En consecuencia, se han establecido políticas y programas en este sentido, con aumentos importantes en los recursos económicos, materiales y humanos que se destinan a las escuelas, tanto como a las instituciones formadoras de docente; por lo que no es exagerado proponer que se enriquece el abordaje de una problemática educativa compleja al dejar de localizar el centro en la falta de preparación profesional de los maestros (resultados que se traducen en acciones dirigidas a la capacitación de los docentes), como si el problema fuera de metodología y enseñanza únicamente.

Sin embargo, aun con el incremento de la financiación, como de la actualización y capacitación docente, los problemas parecen aumentar más que disminuir, incluso en escuelas donde la población estudiantil decrece (Hargreaves, 2005).

Cabe mencionar que este problema no se limita a México, ni a Latinoamérica, pero es aquí en donde tiene mayores repercusiones, ya que la falta de recursos de los gobiernos hace insostenible mantener estas políticas por mucho tiempo, de tal manera que la tendencia a la privatización de la educación ha aumentado en los últimos diez años, para tratar de sustituir el papel del Estado, como patrocinador de la educación, desplazando la fuente de financiamiento hacia el ciudadano particular, lo cual tampoco ha resuelto el problema, ya que las escuelas particulares también presentan problemas similares a las públicas.

Una muestra de esto es el resultante si se compara la cantidad de recursos invertidos en las escuelas con los logros en calidad y pertinencia educativa, en donde se observa que la inversión de recursos es desproporcionada, en relación con los resultados obtenidos, por ejemplo, bajo indicadores contenidos en ciertos estándares mínimos, como son las pruebas para medir el logro académico.

Estos resultados están apoyados en cifras estadísticas: en México, para 2005, el gasto público fue de más de 224,700 millones de pesos, para una matrícula de educación básica de más 24 millones de alumnos, lo cual refleja una inversión desproporcionada: gastar diez veces más para obtener resultados dos o tres veces mejores no es una solución viable a largo plazo, y no tiene justificación en términos educativos, administrativos ni éticos, como lo refiere Morfín (2006).

En consonancia, Hargreaves (2005) menciona que debe partirse del reconocimiento de que las estructuras básicas de la escolarización y de la enseñanza que aún prevalecen, se establecieron en el pasado, con otros fines que ahora no corresponden con las exigencias ni realidades de nuestro tiempo, como tampoco con las necesidades de los alumnos o de los maestros, sino que es la propia estructura organizacional de las escuelas, la causa por la que no se puedan tener mejores resultados educativos, sobre todo si está basada en un modelo diseñado para el trabajo industrial o en aras de la formación de los futuros colaboradores de ese sistema específico, dificultando, de esta manera, el trabajo de la construcción del conocimiento, que es la esencia del quehacer de la escuela, como del mismo maestro.

Es decir, la investigación actual sobre el trabajo del conocimiento indica que las estructuras organizacionales diseñadas para mejorar el trabajo industrial no facilitan al primero, sino que lo dificultan: mientras el trabajo del maestro en la escuela comparte muchas características del trabajo del conocimiento, las escuelas son organizaciones diseñadas en función de supuestos eminentemente industriales: especialización del trabajo, fragmentación "racional" de las actividades, supervisión directa, estandarización de procesos como mecanismos de coordinación del trabajo, agrupación por función, entre otras, haciendo incompatibles ambas visiones (Hargreaves, 2005).

Asimismo, si bien se nota que crecientemente se ha volteado la mirada hacia el desarrollo integral de los alumnos, debiera extenderse también el análisis hacia el reconocimiento de que el mismo maestro es quien configura su práctica docente a través de su historia personal y profesional, de tal manera que su trabajo, como su personalidad, también se ven fuertemente influenciados por la estructura organizacional de la escuela; es decir, es una influencia mutua.

Por ello es imprescindible analizar la rigidez de la estructura escolar actual, en la medida en que se institucionalizan normas, reglamentos, procedimientos o funciones que colocan a los procesos del conocimiento y al aprendizaje en último plano de importancia.

Por lo anterior, debe reconocerse también que la falta de eficacia de los sistemas educativos amplía las brechas entre los estudiantes, su formación y la relevancia social de su quehacer, desvinculándolo de la realidad, descontextualizando los saberes.

De esta manera, seguir dando respuestas con este mismo paradigma, sería continuar con la misma problemática sin resolver, continuar con las graves deficiencias de sentido, tanto como de utilidad para la vida actual de los individuos que se escolarizan.

Es decir, sería continuar con una deficiente capacidad creativa de los actores involucrados para afrontar la pobreza de los resultados educativos actuales y todo lo que con ello implica para los alumnos, como para la sociedad misma, tal como lo menciona Miklos (2006), por lo cual no debería seguirse ignorando que, a pesar de las enormes diferencias en recursos, prestaciones, currículo, apoyos gubernamentales u otros criterios que se ven entre diversos países al hablar de sus escuelas (incluso de diferencias importantes entre centros escolares de una misma nación e incluso de una misma comunidad) los problemas de las escuelas son impresionantemente similares, siendo el factor común, precisamente, su estructura organizacional.

Ello implica el reconocimiento de que todas las escuelas están organizadas de manera tan similar en el mundo que son casi idénticas: tal es el caso de los centros educativos que atienden todos los grados del nivel educativo, con un maestro por grado y grupo escolar, donde cada uno de estos maestros trabaja con su grupo de alumnos sobre un mismo contenido.

A su vez, este tipo de escuelas tienen un director, del cual se espera que supervise el trabajo de la escuela, al mismo tiempo en que todas ellas dividen el tiempo de trabajo en periodos relativamente similares, con tiempos fijos para lograr resultados predeterminados, con el reconocimiento de que, además de los apoyos externos que pueda recibir la escuela para el desarrollo del proceso educativo y para alcanzar los mejores logros educativos, la práctica educativa de los maestros sigue siendo el punto fundamental en este proceso.

Paralelamente, la configuración de la práctica educativa de los maestros está fuertemente influida por el programa educativo; es decir, por el elemento normativo en el que se especifican los propósitos que se persiguen lograr en el alumno, dentro de su perfil de egreso, muchas veces sin que se le dé un seguimiento riguroso a su nivel de logro, tanto como a la funcionalidad de los saberes en el contexto.

Cabe mencionar que, a su vez, esta práctica educativa del maestro está configurada por las concepciones explícitas e implícitas que tienen respecto a las características de los alumnos, sobre cómo es su desarrollo, cómo aprenden, además de valoraciones relativas a la importancia que tiene la dirección escolar, así como la misma institución que le da a tal o cual propósito, objetivo, meta o actividad, de forma que, a la par de que la práctica educativa, configurada por la historia personal, tanto como por las habilidades propias de los docentes, concurren una serie de estilos predominantes que conforman la cultura institucional (SEP, 2004), muchas de las veces ocurriendo de forma casi imperceptible, ya que se considera que son los maestros los que hacen el auténtico trabajo en la escuela, puesto que se trata de los actores en quienes recae la primordial responsabilidad del trabajo educativo con los alumnos.

Por esto es que, además de la responsabilidad directa del proceso educativo y de la necesidad de lograr los objetivos curriculares, se les asignan una serie de tareas tales como son mantener el orden, proteger el ambiente escolar, reunirse con los padres de familia, dirigir actividades extracurriculares, vender boletos para una rifa, poner el puesto de venta en la kermés de la escuela, entre múltiples funciones.

Entonces, el trabajo del maestro está influenciado no sólo por su preparación misma para ese quehacer, sino también por las expectativas que ellos mismos crean sobre su profesión, así como de las que ellos creen que tienen los padres de familia sobre su trabajo, tanto como la percepción que tienen de ser evaluados por los directivos escolares, los maestros colegas, los propios alumnos y otros sujetos que interactúan con él en el ámbito escolar.

Se considera pues, que el trabajo del docente está influenciado por diversas fuentes que convergen en la escuela como una estructura organizacional (Biddle, Good y Goodson, 2000).

Por eso es que debe "desculpabilizarse" al docente por los resultados educativos, para partir del supuesto de que la causa principal de los problemas de la educación se localiza en aspectos estructurales de la escuela, que no están bajo el control de los maestros o directores, donde el propósito será, entonces, identificar esos efectos para cambiarlos después y no para "arreglar" al maestro ahora.

Por eso es que hay más justicia al considerar que existe una explicación alternativa a este problema, localizándola en la actual estructura organizacional de las escuelas, la cual ha variado poco en los últimos cien años, de tal forma que la escuela no puede mejorar sus resultados, a pesar de contar con mayores recursos económicos o maestros mejor preparados.

CAPÍTULO II. LA NECESIDAD DE HACER CAMBIOS ESTRUCTURALES EN LA ESCUELA

Es considerable la cantidad de alumnos que no logran terminar su educación básica, dando como resultado la deserción, reprobación e inadecuados desempeños cuando incursionan al siguiente nivel educativo o al ámbito laboral.

Es por eso que las exigencias que se hacen al sistema educativo son cada vez mayores, porque ya no sólo son necesarias las destrezas básicas, sino también otro tipo de habilidades y conocimientos que les permitan adaptarse constantemente a este mundo cambiante; al mismo tiempo, se espera que las escuelas se amolden a los cambios que están sucediendo en la sociedad y en la familia y que afectan a los estudiantes (Tedesco & Tenti Fanfani 2006).

Sin embargo, ante las evidencias claras de la falta de calidad en la educación, desafortunadamente se buscan soluciones reduccionistas dentro de un paradigma tradicional que consiste siempre en "más de lo mismo": más presupuesto, más proyectos, más innovaciones, más cursos de capacitación, más horas y más días de clase (Miklos, 2006).

Es así como todas estas soluciones y cambios pretenden elevar la calidad de lo que se supone hacen las escuelas: mejorar el aprendizaje de los alumnos

(Fullan & Stiegelbauer, 1997), para lo cual se hacen planes; se diseñan programas y proyectos; se establecen procesos; se institucionalizan un cúmulo de normas, reglamentos, sistemas, procedimientos y funciones, que finalmente colocan al aprendizaje, a los alumnos y a los maestros en el último plano de importancia.

De esta manera, el proceso educativo, el sujeto que aprende y el trabajo del maestro, se ven reducidos ante la elevada importancia que se le da a los procesos adjetivos, al cuidado de la normatividad y la excesiva burocracia, en una estructura organizacional de la escuela a la que parece no preocuparle los resultados obtenidos, sino que más bien "el cuidado de las formas", tanto como sus estructuras burocráticas (Fullan & Stiegelbauer, 1997).

Y aunque esta situación priva en todas las instituciones escolares mexicanas, quienes deben dar cuentas sobre un mismo estado de cosas, es una situación que particularmente afectará a las escuelas públicas, lo que tendrá un gran impacto en la educación, sobre todo si se tiene en cuenta que en la mayoría de los países latinoamericanos, más del 85% de la población es educada por los sistemas de sostenimiento gubernamental, por lo que una parte importante del gasto público se destina a la educación.

Al mismo tiempo, las escuelas públicas de educación básica son las que más estudiantes atienden en cualquier país latinoamericano y a las que, proporcionalmente, se les dan menos apoyos económicos, tanto como técnicos.

Al mismo tiempo, en este tipo de organizaciones trabajan profesores menos preparados institucionalmente, tienen menos recursos disponibles y laboran en las condiciones organizacionales más difíciles, con lo cual es importante llevar a cabo proyectos de investigación en los cuales se busque tener información sobre los efectos de la estructura en el trabajo, con miras de diseñar una nueva forma de administración educativa que contribuya a mejorar los resultados de las escuelas, sobre todo las de nivel básico, si se considera que la Organización para la Cooperación y el Desarrollo Económico (OCDE) ha detectado que la mayoría de la investigación educativa en México, como en Latinoamérica, se enfoca en escuelas a nivel superior, con lo cual existe un terreno fértil para poder intervenir en los grados básicos.

Asimismo, es importante considerar que si bien el diseño de un centro educativo eficiente es aplicable en todos los niveles, modalidades y sistemas, debe hacerse un énfasis especial en la escuela pública, no solamente por entrañar una problemática de inversión o gasto social considerable en los países, sino que también se invierten más esfuerzos investigativos en la escuela particular, sobre todo si se tiene en cuenta su esencia estructural, en la cual se pondrá mayor atención en la optimización de los recursos.

Al mismo tiempo que ha proliferado el análisis en las escuelas particulares, en función de la cobertura, ya que el promedio de atención en Latinoamérica, refleja una atención desproporcionada en este tipo de instituciones, respecto a la pública: casi 60% de los alumnos de la educación básica se encuentran matriculados en instituciones de sostenimiento gubernamental, frente a 40% en privadas, lo cual justifica que la mayor parte de la investigación educativa en nuestros países se destine a las escuelas que más recursos tienen y que menos población atienden, pero de la que se espera una mayor rentabilidad, cuando debería intentar revertirse esta tendencia, poniendo especial interés también en la eficacia de la escuela pública.

Hechas estas observaciones, en general es importante recalcar que, en las últimas décadas, la literatura educativa se ha inundado con comentarios que hablan sobre la baja calidad de la educación, sus malos resultados y la preocupación que tienen todos por mejorar los procesos, tanto como los resultados de la escuela.

A estas reflexiones sobre la problemática calidad de la educación se suman las que presenta Miklos (2006), quien menciona que en México, como en muchos otros países, se hacen esfuerzos para mejorar la calidad de la educación y, si bien se ha avanzado en algunos indicadores educativos como el grado promedio de escolaridad de la población mayor de 15 años (pasando de 4.6 en 1980 a 8.2 grados en 2005 y 9.4 en la media nacional para 2016) como en la reducción del analfabetismo (con un cambio de 17% a 8% en los mismos años), sin embargo, ocupa los últimos lugares en las mediciones internacionales que se refieren al desarrollo educativo.

Por ejemplo, en la medición del índice de competitividad mundial –World Competitiveness Scoreboard (IMD)— ocupó los últimos lugares de los sesenta países evaluados, ocupando la posición cincuentaiséis en el año 2005.

Otro ejemplo que refiere el mismo autor es la posición que se tiene en los resultados de las evaluaciones sobre competencias que se realizan a los jóvenes de quince años por el *Program for International Student Assessment (PISA)*, ubicándose en los años 2000 y 2003 en el último lugar entre los miembros de la Organización para la Cooperación y el Desarrollo Económico (OCDE), lo cual refleja que tal parece que la escuela no está logrando lo que se supone que deberían lograr con su quehacer, esencia o propósito formativo.

Como lo refieren Fullan & Stiegelbauer (1997) la escuela está dejando de cumplir a cabalidad con sus dos propósitos esenciales, que son formar en los estudiantes las destrezas y conocimientos académicos o cognoscitivos, por una parte; por otra, como educarlos en el desarrollo de habilidades sociales e individuales, para funcionar como agentes sociopolíticos en la sociedad, además de ser altamente funcionales en las áreas laborales; sin embargo, varios informes internacionales –los mismos autores mencionan el "Coleman"— demuestran que las escuelas no alcanzan los propósitos previstos.

Es cuando, en un intento por conocer la causa predominante de estos resultados, se encontrarán varias posibles respuestas; por ejemplo, algunas corrientes teóricas, como las deterministas, argumentan que los estudiantes pobres siempre tendrán resultados deficientes, frente a irrefutables logros positivos para los alumnos de familias económicamente fuertes, debido a que es una consecuencia lógica que va de la mano de una inversión económica a la que le corresponden ciertas expectativas y esfuerzos extra por parte de los actores involucrados.

Pero otra corriente, basada también en algunos ejemplos de la realidad (por ejemplo, en el caso de México, donde algunas de las escuelas mejor evaluadas en pruebas nacionales como "Enlace", ahora "Planea", cuentan con menos recursos, como las públicas unitarias, multigrado, en áreas marginales o rurales) menciona lo contrario: hay suficientes evidencias que demuestran que las escuelas hacen la diferencia en el logro académico de los alumnos de familias de áreas pobres.

Ante esta disyuntiva, la pregunta lógica es por qué algunas escuelas con problemas similares, con recursos parecidos, realizan un mejor trabajo y tienen mejores resultados que otras.

Más aún: ¿qué explica entonces estas diferencias en la mejora del trabajo?, ¿cómo se puede emprender la mejora en los salones de clase y la escuela?, ¿qué cambios son los que se deben de realizar?, entre otras interrogantes que darían lugar a un análisis fructífero acerca de cómo lograr que los esfuerzos sean significativos en la consecución de las metas educativas propuestas (Fullan & Stiegelbauer, 1997).

CAPÍTULO III. ESTUDIO DE LA ESTRUCTURA ORGANIZACIONAL

En el análisis de las teorías que pueden dar respuesta a la problemática de la situación educativa actual, algunos autores contemporáneos, entre los que destaca Miklos (2006) tratan de dilucidar cuáles son las principales causas que originan la mala calidad de la educación, a partir de tres posturas principales, que se mencionan a continuación.

En el primer enfoque, desde una perspectiva economicista, se dice que algunas de estas causas son la baja inversión que se tiene en la educación, siendo de 6.3% respecto al Producto Interno Bruto (PIB) del país; para ejemplificar: particularmente en educación primaria el gasto promedio anual por estudiante es de 1,467 dólares, mientras que en los países miembros de la OCDE es de 5,313 dólares en promedio.

Como una segunda perspectiva, se encuentran los trabajos aunados a los aspectos macropolíticos, centrados en el trabajo del docente, a la par de los aspectos sociológicos y de micropolítica que ocurren en el aula, como la principal causa de la baja calidad de la educación, refiriéndose entonces a otros aspectos relevantes que tienen qué ver con la dinámica del sistema educativo a nivel local; es decir, lo que ocurre en la escuela y al interior de los salones de clase.

De esta manera, centra su análisis en la forma como el maestro proporciona el currículum a los alumnos, mediante prácticas excluyentes que no respetan las particularidades del individuo en cuanto a sus competencias, ritmo o estilos de aprendizaje, siendo el alumno sistemáticamente discriminado, de acuerdo con los resultados que obtiene en la evaluación de su aprendizaje, con los saberes que verdaderamente posee, los cuales deben ser movilizados bajo ciertas circunstancias, puesto que se considera que los contenidos curriculares no están acordes con los intereses o utilidad que le puede dar al alumno en su vida cotidiana, lo que origina desmotivación, tanto como el inicio de conflictos emocionales del alumno con sus maestros y padres, llevándolo al final a la reprobación o a la deserción escolar.

Asimismo, Miklos (2006) termina afirmando que la escuela promueve de esta manera las brechas entre hombres y mujeres, clases sociales, diversas culturas, población rural y urbana, etc.

Mientras que un tercer enfoque –con el cual se está de acuerdo, por lo que se pudo constatar en esta investigación—, centra su interés en el hecho de que los cambios estructurales de la sociedad actual provocan una desarticulación de la escuela con la realidad, en un contexto social cambiante, en constante transformación, con o cual se encuentra desfasada o se presenta de manera anacrónica, ya que se trata de una escuela que nació con la era capitalista, pero que poco o casi nada se ha transformado en su estructura organizacional, con lo cual no ha logrado adaptarse a una inminente evolución que se sucede de forma vertiginosa.

En el mismo sentido, Tedesco y Tenti Fanfani (2006) presentan un panorama de cómo las sociedades actuales han experimentado cambios profundos en las instituciones que apoyan los procesos de formación de las nuevas generaciones: es el caso de la transformación de la iglesia, la familia y la presencia cada vez más sistemática de los medios de comunicación de masas, así como otros consumos culturales y sucesos que ocurren en la actual sociedad, como la incorporación de la mujer al mercado de trabajo, la fragmentación e inestabilidad de la configuración familiar, cambios que repercuten e influyen en el trabajo educador de la escuela.

Bajo esta situación actual, esta institución está sometida a un nuevo conjunto de demandas sociales, porque pareciera que se le pide a la escuela lo que las familias ya no están en condiciones de ofrecer: afectividad, orientación ética, moral, vocacional y todo lo que conlleva a un proyecto de vida.

De igual manera, el proceso educativo se vuelve más complejo para la escuela, tanto como para el maestro, debido a que las instancias socializadoras difunden conceptos y valores en ocasiones contradictorios, puesto que los valores que se fomentan o movilizan en la casa, en la escuela y en los medios de comunicación no son siempre complementarios o coincidentes, sino que en la mayoría de las veces son hasta contradictorios.

Y ello necesariamente debe trascender en la dinámica de las instituciones educativas, ya que las transformaciones en la sociedad compelen también a que se realicen cambios en la escuela, situación ante la que cabe preguntarse si será necesaria una transformación en el rol del docente, así como una división racional del trabajo de las instituciones educativas, en donde aparezcan nuevos roles escolares (algo así como la "maestra-madre sustituta", "psicólogos escolares" que acompañen el desarrollo afectivo de los alumnos o "pedagogos especializados"), cuya disyuntiva es que, ante este nuevo contexto, se pueda alentar el desarrollo de nuevas y complejas competencias en el maestro; o bien, se provoque un empobrecimiento profesional, donde el rol del docente se reduzca a una simple sustitución de la función educadora de la familia.

Es por ello que la tendencia de las medidas dirigidas hacia la mejora educativa, debe implicar, esencialmente, la necesidad de realizar cambios estructurales en la escuela de educación básica, partiendo de la idea de que ésta no se ha transformado paralelamente a la vertiginosa e incipiente evolución que ha sufrido la sociedad en lo económico, lo social y lo político.

Es así como el enfoque debe girar hacia los referentes teóricos que remitan a las múltiples dimensiones de una estructura organizacional formal, así como de las condiciones mínimas necesarias para lograr la eficacia en éstas.

En consonancia, estas fuentes pueden situarse en las aportaciones de autores como González, Fullan y Stiegelbauer, así como Hargreaves y Senge, desde donde se extrapolaron las ideas de la calidad hacia el ámbito educativo que ahora nos ocupan.

Por ejemplo, Hargreaves (2005) invita a que se haga una exhaustiva reflexión sobre los cambios estructurales profundos, socioeconómicos y políticos, que la sociedad mundial ha experimentado en las últimas décadas, ante los que pareciera que la escuela se mantiene indiferente.

Esto tiene una vital importancia, si se tiene en cuenta que los procesos productivos y comerciales han tomado un giro diferente al que se preveía en los modelos educativos, con referencia a su tarea de ayudar a los estudiantes a desarrollar las habilidades necesarias para incorporarse en dichos procesos socioeconómicos, toda vez que la globalización de la economía y los cambios tecnológicos repercutieron en los procesos de producción, mismos que generaron una demanda empresarial diferente a los modelos tradicionales, lo que implica una inconsistencia con los modelos de formación de los estudiantes, por lo que ahora se requiere un perfil diferente, a partir del desarrollo de competencias para diversos trabajos u ocupaciones; saberes concretos; solución de problemas complejos, así como habilidades en los que se requiera el razonamiento en ambientes de incertidumbre y circunstancias críticas (Hargreaves, 2005).

Ésa es la razón por la cual son ineludibles los comentarios en estudios realizados e informes de investigación educativa, en los que se analizan indicadores sobre las variables educativas, donde se revela la necesidad de cambiar las estructuras que integran los sistemas educativos, así como modificar las relaciones entre ellas y, sobre todo, la estructura de la organización escolar actual (Fullan & Stiegelbauer, 1997).

Esta condición de adaptación al cambio es un imperativo, frente a la evidencia de que el contexto social se modifica sustancialmente, de tal modo que la escuela se encuentra en un mundo crecientemente posindustrial o posmoderno, caracterizado por un cambio tecnológico y científico acelerado, al mismo tiempo que ocurre una reducción o comprensión del tiempo y el espacio, a la par de que se amplía el abanico de la diversidad cultural, la complejidad tecnológica e incertidumbre científica (Hargreaves, 2005).

Sin embargo, no debe soslayarse el hecho de que, frente a este contexto cambiante, se encuentra una escuela antiquísima, monolítica, con unos fines y propósitos que no corresponden a la época ni al contexto actual, sino que presenta una estructura igualmente anacrónica e inflexible, puesto que los modelos educativos presentes, más que buscar adaptarse a este nuevo contexto, pareciera que buscan resistirse u oponerse a estos cambios (Hargreaves, 2005).

Pero esta resistencia es inútil puesto que, bajo esta situación, el contexto parece obligar a que la escuela realice cambios profundos, especialmente en la forma como se organiza y se estructura en torno a sus funciones, porque las consecuencias de este posmodernismo es que obliga a que el rol del maestro se amplíe, para hacerse cargo de nuevos problemas extraescolares u obligaciones en el trabajo en el aula.

Asimismo, hay que reconocer que las innovaciones científicas y tecnológicas son incontables, de tal manera que se crea en los maestros una sensación de falta de conocimiento, de preparación incompleta o de carencia en la actualización de saberes y, al mismo tiempo, le demanda, con una considerable sobrecarga, abordar este nuevo conocimiento en los alumnos, en un tiempo que parece reducirse, al grado de percibir que apenas ni se alcanza a comprender la información, cuando ya surgió otra nueva, debido a los constantes y acelerados cambios.

Por otra parte, es un hecho evidente también que, debido a estos cambios en el contexto, los métodos y estrategias que utilizan los maestros, tanto como sus conocimientos, dejan de ser considerados como válidos, inclusive por los mismos docentes.

Por ello es que no se puede hablar de "calidad de la educación" sin considerar la "calidad en la atención de los alumnos", sin mejorar la estructura y gobierno de la escuela, así como la coordinación y relaciones entre los maestros, con el entorno, así como con los padres de familia, además de incluir cambios en los procesos de planeación, como de dirección, al mismo tiempo que deben reconocerse las relaciones entre una serie de elementos definitorios, como los espacios físicos, los tiempos que se dedican a las actividades de los maestros y alumnos, así como los recursos materiales con los que cuenta o de los que carece, para realizar la práctica docente.

La estructura también está conformada por aquellos elementos sociales como son las personas y las posiciones en las que ocupan en la organización, además de las unidades y grupos a los que pertenece, de forma que lo decisivo para singularizar una estructura organizativa es el tipo de relaciones que se establecen entre tales elementos (González, 2003), donde se introduce orden en la organización, lo que la diferencia de otras entidades sociales, con base en un orden que se logra de tres maneras: desde los recursos de la organización, como son los recursos humanos; el que adopta la acción que recae en ella, así como el orden que adoptan ambos aspectos –las personas y sus acciones—, considerados conjuntamente, con lo cual se considera que la estructura básica de la organización sería la asignación de recursos materiales y humanos a las tareas que se requieren hacer, así como su coordinación.

Otra definición es que la estructura organizativa constituye una representación de la acción que les corresponde realizar a los miembros de la organización, como los recursos humanos y las relaciones que se establecen entre ellos para que, como consecuencia, se estudie lo que ocurre en la escuela, cómo está estructurada la organización escolar, para reconocer cuáles son los elementos que están presentes, para reconocer, a su vez, de qué manera influyen en el trabajo del docente, al mismo tiempo que se debe reconocer que el contexto escolar está conformado por dimensiones y elementos que hacen propicias condiciones organizativas para que se lleve a cabo los procesos educativos, en el entendido de que estas dimensiones influirán en la actividad de los maestros y de los alumnos.

A su vez, estos procesos curriculares y de enseñanza son los que constituyen el núcleo de las organizaciones escolares, como una dimensión central, en torno a la cual se encuentran las dimensiones estructural, relacional, de procesos, la de valores-supuestos-creencias, así como la del entorno (González, 2003), que son parte innegable de la estructura organizativa formal, que es la dimensión estructural.

De esta forma, en el centro escolar se desarrollan determinadas relaciones entre las personas que allí interactúan, que es la dimensión relacional; se generan y mantienen ciertos valores, como también creencias organizativas, que es la dimensión cultural; asimismo, se desarrollan determinados procesos y estrategias con sus actividades, que es la dimensión procesual y, por último, se mantienen ciertas relaciones con el entorno, que es la dimensión entorno.

3.1 Dimensión estructural

Esta dimensión se refiere a la forma como está organizada la escuela, definiendo cómo están articulados de manera formal sus elementos, puesto que es una organización formal en donde existen roles de acuerdo con su estructura, lo que le da seguridad y continuidad en el tiempo.

Este andamiaje o entramado de roles es lo que le hace desempeñar unas funciones, independientemente de las características personales de sus integrantes, de la misma manera que permite identificar cómo está dividido el trabajo, los mecanismos formales para tomar decisiones, además de hacer visible la manera como se articulan las distintas unidades que la conforman.

Es así como, para analizar la estructura de un centro escolar, se deben revisar los elementos que formalmente se establecen para formar su estructura, como los papeles o roles desempeñados por las personas, con sus respectivas tareas y responsabilidades, como lo son director, maestro, intendente, entre otros actores.

A su vez, las unidades organizativas están representadas en el Consejo Escolar, el Equipo Directivo u otras, en las que están agrupados los integrantes.

Por su parte, los mecanismos formales que sirven para que las unidades y los individuos se articulan para cumplir con los objetivos, además de servir en la toma de decisiones, para la coordinación y la comunicación, para el control y dirección de las actividades; así como para la estructura de tareas para el desarrollo de la enseñanza.

Específicamente, se refiere también al análisis la estructura física e infraestructural de la escuela, sus espacios, materiales, cómo están distribuidos, sus instalaciones y la regulación de su utilización.

Sin embargo, esta dimensión no explica todo el funcionamiento de la escuela, sin o que sólo sirve para conocer el andamiaje, pero no para identificar su funcionamiento, además de reconocer que regularmente la estructura es resultado de un conjunto de normas y reglas formalmente establecidas por la administración educativa.

3.2 Dimensión relacional

La organización escolar es también un entramado de relaciones e interacciones, así como intercambio de comunicaciones entre las personas que la constituyen, desde donde se construyen ciertos patrones de relaciones entre las personas, se intercambian ideas e intereses que no siempre son similares, por lo que a veces se tienen relaciones cordiales y muchas veces, conflictos.

En consecuencia, los miembros de la escuela no sólo mantienen las relaciones formales que se establecen por la estructura, sino que también otras relaciones de diversa índole, que marcan la vida social y académica de la escuela, porque no sólo entran en juego las relaciones que están prescritas formalmente, sino también los modos como las personas se relacionan cotidianamente, además de los significados e interpretaciones que ellos tienen.

Para comprender esta dimensión relacional, se requiere atender a los procesos micropolíticos y de interacción profesional de la escuela, tanto en las relaciones formales e informales, además de reconocer que las relaciones profesionales que se establecen son las que configuran en gran medida el funcionamiento educativo de la escuela, de tal forma que algunas veces predomina el individualismo o las relaciones por razonas formales y burocráticas, mientras que en otras escuelas existen las relaciones profesionales conflictivas en las que se confronta cómo solucionar los problemas.

En contraste, en otros centros predominarán las relaciones profesionales de cooperación, tanto como de coordinación, en las que se da el trabajo colaborativo en torno al currículo y la enseñanza.

3.3 Dimensión procesos

Como ya se dijo antes, los procesos de desarrollo curricular y de enseñanza aprendizaje son el núcleo del ser de los centros escolares, aunque hay otros procesos que se realizan paralelamente como son los de elaboración de planes, desarrollo en la práctica de éstos, evaluación de la actividad, mejora e innovación, dirección, liderazgo, coordinación, entre otros

Asimismo, esta dimensión no está aislada de lo que ocurre en las otras, afectándole especialmente lo que ocurre en la dimensión relacional, puesto que en las relaciones interpersonales se suelen facilitar o dificultar los procesos que se llevan en cualquier organización.

De igual manera, los procesos también influyen en los patrones de relaciones, en las dinámicas de participación, los valores o creencias, de forma tal que, al diseñar los procesos de trabajo, se deberá de considerar cómo son las otras dimensiones, cómo se pretenden desarrollar y llevar en el centro escolar.

3.4 Dimensión valores-supuestos-creencias cultura

Es la dimensión menos visible e implícita, la cual hace referencia a la red de valores, razones, creencias y supuestos que subyacen a lo que pasa o cómo funcione un centro escolar.

Es decir, lo que ocurre en el centro, tiene detrás un esquema de valores y creencias acerca de lo que ocurre allí, acerca de las personas, del modo como se enfrentan a los problemas, a las situaciones y a los mismos procesos de trabajo.

En esta dimensión, no se refiere a los valores y creencias personales de los individuos, sino a aquéllos que se han ido construyendo a medida de que las personas interactúan unas con otras, interpretan los acontecimientos, generan ciertos modos de entender e interpretar los acontecimientos escolares.

3.5 Dimensión entorno

Aquí se hace referencia a que las escuelas están en constante interacción con el entorno, considerándose a todas aquellas relaciones que la escuela entabla con diferentes actores que se encuentran en el entorno.

Es así como la escuela establece regularmente relaciones sociales, económicas, culturales y sociales en un momento dado, interacciones que están condicionadas por las expectativas, necesidades y exigencias que se le plantean al centro escolar desde el exterior, mismas que son cambiantes.

Específicamente, debe identificarse un entorno inmediato, el cual se refiere a aquellos aspectos del entorno que influyen en la escuela de un modo directo e inmediato como son los individuos y organizaciones con los que se relaciona directamente la dirección escolar, por ejemplo: los centros de capacitación, la supervisión escolar, los padres de familia, aun cuando hay otros elementos que influyen de modo más mediato, como son las fuerzas económicas, políticas, sociales y culturales de la sociedad de la que forma parte la escuela, como pueden ser las instituciones gubernamentales, sus políticas, los sindicatos, entre otros actores.

CAPÍTULO IV. OPERATIVIDAD DEL ESTUDIO DE LA ESTRUCTURA ORGANIZACIONAL

Los centros escolares constituyen un objeto de estudio multidimensional, de tal manera que son distintas las ciencias que están interesadas en estudiar la organización escolar, como son la pedagogía, la psicología, la sociología, la política, la economía, entre otras, lo cual obliga a adoptar una perspectiva multidisciplinaria.

Esto hace que el conocimiento sobre la escuela sea tan extenso, pero a la vez es muy disperso en cuanto a perspectivas teóricas, tanto como en lo referente a terminologías empleadas, caracterizándose por la necesidad de adoptar un pluralismo conceptual y metodológico cuyo contenido no es un todo único y coherente, sino que tradicionalmente, en los estudios que se realizan sobre la organización de los centros escolares, se aplican teorías elaboradas por otras disciplinas que estudian a las organizaciones productivas, aplicando este conocimiento, que en principio le era ajeno, a la organización escolar y al ámbito educativo (González, 2003).

Por ello es que hay que reconocer que estudiar un centro escolar implica un enfoque interdisciplinar, pues en él confluyen múltiples dimensiones: políticas, económicas, sociológicas, psicológicas, filosóficas, entre otras.

Es decir, el estudio de un centro escolar requiere establecer delimitaciones de una realidad sistémica, pues es un ambiente que integra otros entornos o conjuntos organizativos más amplios (aspectos macro-organizativos, contextuales), al mismo tiempo que integra dentro de sí otros elementos micro-organizativos, aspectos individuales y colectivos de quienes integran la comunidad escolar, pero especialmente de los maestros.

Como lo considera González (2003), el estudio del centro escolar obedece a intereses de quienes realizan estos estudios, los cuales muchas de las veces son contradictorios, de tal forma que esto justifica la coexistencia de dos grandes líneas de trabajo: las que buscan afirmaciones positivas y las que buscan afirmaciones normativas.

Las primeras son de carácter analítico y descriptivo, ya que buscan describir lo más objetivamente posible el objeto de estudio, en un intento por explicar cómo son en realidad y, en un momento dado, los centros escolares.

Las últimas, por su parte, son de carácter valorativo y prescriptivo, toda vez que enuncian cómo debería ser el centro escolar ideal, como un modelo inspirador sobre el cual tomar algunas medidas, con el fin de poder llevarlo al terreno de lo concreto.

Por otra parte, con la intención de operativizar de forma idónea el estudio de la estructura organizacional, debe ponerse atención a las tres perspectivas teóricas que tienen como objeto de estudio a los centros escolares: la técnica, la cultural y la política (González, 2003).

4.1 Perspectiva técnica

La perspectiva técnica es la dominante en el estudio de la organización escolar; su orientación es positivista o empírico-analítica, puesto que concibe a los centros escolares como si fueran entidades físicas, constituidas por elementos o variables que pueden ser identificadas y separadas para su estudio, a la vez que se pueden identificar las relaciones que se establecen entre ellas, las cuales se pueden cuantificar y predecir a través de procedimientos e instrumentos diseñados para este fin, de tal manera que el funcionamiento de los centros escolares dependerá de relaciones causales que, una vez conocidas, permiten predecir y controlar ese funcionamiento, a través de la aplicación de reglas técnicas que se originan de este conocimiento.

De esta manera, el interés de esta perspectiva técnica obedece a la búsqueda de conocimiento instrumental, con el fin de optimizar los medios de la organización y conseguir sus fines; es decir, busca mejorar la eficacia o productividad, lo que corresponde a señalar las mejores decisiones para adoptar o gestionar en los centros escolares.

La perspectiva técnica separa, de esta manera, a los investigadores y a los prácticos, pues mientras los primeros son los que originan el conocimiento que se debe aplicar en la administración de los centros escolares, los segundos deben de obedecer las prescripciones dadas a través de una serie de normatividades o disposiciones sobre la organización y control del centro escolar, dejando de lado los fines u objetivos educativos.

Asimismo, cabe recalcar que, dentro de la perspectiva técnica, se desarrollan distintas teorías para el estudio de la estructura organizacional de la escuela.

Una de ellas es la teoría de la gestión, cuyas principales características son su fundamentación en teorías y modelos destinadas a la gestión científica y administrativa, así como hacer referencia al modelo de burocracia, al de relaciones humanas, así como de las teorías de sistemas y contingencias.

Básicamente, esta teoría concibe a las escuelas como organizaciones formales o, en algunas circunstancias, como organizaciones informales; pero cuyo punto de confluencia estriba en que, en ambos casos, la escuela está conformada por una estructura formal o un sistema técnico.

Bajo esta teoría, se asume que las metas de la organización –no de los individuos— son quienes determinan cómo debe ser la organización (el diseño) y qué debe hacer una organización (el control), lo que la da sentido a su comportamiento.

De este modo, la estructura formal será el instrumento del que se vale la organización para conseguir sus metas; con ello se busca minimizar esfuerzos y maximizar resultados.

Mientras que la teoría de que las organizaciones constituyen organizaciones informales (sistemas sociales), asume que las motivaciones sociales e individuales llevan a sus integrantes a establecer una estructura de interacción y de comunicación espontánea, no formalizada; esto se debe a que buscan satisfacer sus propias necesidades, al margen de una estructura más formal o estructurada.

Por lo anterior es que una premisa importante a considerar es que la estructura formal debe adecuarse para mejorar las condiciones de trabajo y satisfacer las necesidades de autorrealización de los miembros, en donde se busca satisfacer sus necesidades, con el fin de garantizar un mayor rendimiento, en beneficio de la organización.

Por otro lado, existen modelos teóricos concomitantes para explicar cómo es que se funda una estructura organizacional, como es el modelo de la ambigüedad, el cual cuestiona los principios de la teoría de la gestión y a su generalización, a partir de manifestar que no todos las organizaciones son iguales, debido a condiciones internas que le son propias.

Asimismo, expone que las escuelas son organizaciones que afrontan esta ambigüedad técnica, puesto que se trata de una organización que opera con metas ambiguas, tecnología imprecisa, participación variable y contingente por parte de sus miembros.

Esto provoca que sus miembros interpreten de distinta forma las metas de la institución, toda vez que perciben que no se cuenta con un centro de tecnología que les apoye para diseñar, operar, controlar y evaluar soluciones óptimas a sus problemas.

Esta situación obliga a sus miembros a recurrir a métodos imprecisos, como el tanteo o el aprendizaje por ensayo-error, lo cual provoca que sean vagas e inconexas las metas y la organización, así como que no haya una relación armónica entre la jerarquía y el trabajo.

Del mismo modo, la tecnología y la autoridad no tienen una presencia sólida y precisa, sino que el control es fuerte en la aplicación de la normatividad, a la vez que se muestra débil en el cumplimiento de las metas educativas.

Es así como estos modelos de ambigüedad afirman que en las escuelas se da una actividad más o menos organizada, pero no funcionan como si fueran estructuras organizacionales o sistemas compactos, ya que principalmente sus miembros se orientan por su juicio personal, con el fin de reducir la incertidumbre que viven.

4.2 Perspectiva cultural

La perspectiva cultural, dice González (2003), está orientada por las ciencias interpretativas, las cuales persiguen comprender lo social y lo humano, de tal manera que se concibe al centro escolar como un conjunto de símbolos que se construyen desde la subjetividad y responden a motivos o causalidades intencionadas.

De esta manera, constituyen un todo que no puede ser fragmentado; al mismo tiempo, su funcionamiento puede ser impredecible y dinámico, porque está condicionado por su contexto o circunstancias particulares y, en consecuencia, cuenta con reglas o acuerdos tácitos consensuados socialmente, los que se construyen, simultáneamente, a nivel intrasubjetivo, como a uno intersubjetivo.

En consecuencia, la perspectiva cultural busca construir un conocimiento iluminativo que permita comprender el sentido y la razón de ser de los fenómenos de la realidad organizativa.

Lo que acontece en el centro escolar, no puede desligarse de las metas, preferencias ni valores, tanto individuales como colectivos. Por esta razón, el conocimiento no puede generalizarse, pero sí sirve para identificar pautas y orientar la práctica, así como para explicitar las razones profundas de los fenómenos, tanto como de las prácticas organizativas, para valorarlos a la luz de las circunstancias personales y contextos particulares.

Por lo anterior, puede aplicarse para clarificar y educar la percepción, así como hacer evidentes los conocimientos implícitos que las personas tienen de los fenómenos que ocurren en los centros escolares, de manera tal que el conocimiento que se genera tiene una aplicación práctica, pues sirve para consensuar una comprensión intersubjetiva de la vida organizativa del centro escolar.

A su vez, esta perspectiva tiene varias teorías, como lo son la subjetiva, la institucional y la investigación etnográfica.

La teoría subjetiva asume que la educación es una tarea profundamente moral, cambiante e impredecible; por tanto, lo importante de las organizaciones son las personas, así como lo que ocurre en la organización, que es donde reside el significado que tiene para las personas, así como en los motivos que lo justifican.

Es decir, la interacción de los individuos y la comunicación de lo que ellos perciben subjetivamente, va conformando una intersubjetividad al compartir, a través de la comunicación, sus puntos de vista, de tal forma que la comunicación y el intercambio de ideas entre los miembros de la escuela, es lo que permite generar pautas o formas de sentir, de pensar y de obrar, lo cual se traduce en que los valores, los sentimientos, la comunicación e interacción entre los miembros de la escuela, es lo que va conformando y constituyendo la cultura de la misma.

De ahí que se conciba a los centros escolares como un conglomerado de culturas, por lo que no son instituciones compactas y homogéneas, al mismo tiempo que no existe la organización como algo genérico o replicable.

Por eso, bajo este enfoque, son importantes los mitos culturales que se van conformando en rituales, constituyendo el contenido de esa realidad, porque son definiciones más bien arbitrarias, de forma simbólica, que surgen por medio del lenguaje, las metáforas y los rituales.

A su vez, el lenguaje, la comunicación, la interacción y las relaciones entre los miembros de la escuela, juegan el papel más importante para construir y manipular simbólicamente la realidad escolar, adaptándola a su visión del futuro para asegurar la cohesión y conformidad e inspirar confianza externa.

Por el otro lado, se encuentra la teoría institucional, la cual busca la explicación de lo que ocurre en la escuela, en el contexto; en este sentido, es de gran importancia la normatividad institucional, de ahí que se les denomina como "organizaciones institucionalizadas por su ambiente", puesto que la institución se entiende como una agrupación de individuos que ponen de manifiesto un conjunto de patrones o regularidades estables, persistentes, de acción que responden a los problemas y demandas sociales.

4.3 Perspectiva política

Por su lado, la perspectiva política se guía en las ciencias reflexivas y críticas, en un intento por examinar la relación que existe entre valores y acción, concibiendo a las organizaciones escolares como construcciones orientadas ideológicamente por determinantes históricos, políticos y económicos que responden a intereses particulares que la configuran, a la vez que es creada y controlada por individuos o grupos con un poder que ejercen en beneficio propio.

Es decir, en la perspectiva política se adopta una postura activa ante lo que es coactivo, desigual o injusto; en ella, la teoría y la práctica se determinan mutuamente, pues la teoría legitima la práctica, al optar por unos valores concretos y los motiva, mientras que la práctica sirve para mejorar la realidad, a través de un contexto político de discusión, negociación y acción compartida, como marco de construcción de teorías (González, 2003).

De esta manera, el conocimiento es ideológicamente crítico y sirve para clarificar los motivos ocultos de los fenómenos organizativos, tanto como valorarlos, conforme con las circunstancias contextuales, al mismo tiempo que busca hacer consciencia en los sujetos sobre las condiciones organizativas en las que se desenvuelven, para impulsar su transformación, por medio de la acción motivada.

Es decir, se puede hablar de un conocimiento dialéctico, reflexivo o reconstructivo, pues sirve para hacer explícita la relación entre valores y hechos, entre acciones e intereses, como para fundamentar la negociación de las políticas de la organización escolar e incorporar las metas, así como los fines que se persiguen, porque en esta perspectiva hay una simbiosis entre teoría y práctica, pues el interés del conocimiento es actuar contra las condiciones que conllevan al dominio o sometimiento de unos individuos contra otros.

En la práctica, se abordan y delimitan temas sobre los problemas sentidos que habrán de resolver, pero deben apoyarse con el conocimiento teórico para legitimar las metas, como también las vías de acción para cambiar la realidad de una dirección en particular.

Esta perspectiva maneja las teorías social, micropolítica e investigación crítica, donde la primera se basa en los trabajos de Karl Marx y Max Weber sobre la sociología de las organizaciones, en donde se señala que las metas, estructuras y formas de autoridad constituyen procesos generales de control y de dominio.

Asimismo, que aquellos que dominan y dirigen la organización, estructuran las actividades de los trabajadores con el fin de servirse de los intereses y metas particulares, con beneficio de los dirigentes.

De esta manera, sostienen que el cómo se perciben los acontecimientos de los centros escolares, cómo se definen sus problemas y sus soluciones, no son cuestiones técnicas, neutrales ni apolíticas, sino que tienen una justificación ideológica que sirve a los intereses dominantes, lo cual ocasiona que los individuos no construyan la realidad organizativa de una manera libre y voluntaria, sino dominados, fuera de su control.

Por su parte, la teoría micropolítica se caracteriza por considerar la naturaleza compleja, conflictiva e inestable de los centros escolares, ya que están integradas por individuos y grupos con intereses particulares que se involucran en dinámicas micropolíticas y luchas entre sí, para satisfacer estos intereses.

En consecuencia, las actividades de la organización están condicionadas por sujetos que obtienen algún beneficio en un momento y contexto determinado; esto implica la distribución de los recursos de autoridad, como de influencia, donde se pone de manifiesto que la realidad de los centros escolares no siempre es una reproducción de lo que ocurre en lo externo, sino que también en la misma escuela se construyen prácticas ideológicas y políticas.

Por último, concibe a los centros escolares como entidades políticas que difieren en sus intereses y que raramente se caracterizan por metas únicas o compartidas por todos sino que, por el contrario, coexisten metas diversas y no declaradas, que son contradictorias, generan conflictos en el funcionamiento del centro escolar y donde sus miembros conviven en constante conflicto, debido a la distribución de los recursos y del logro de sus metas e intereses de grupo.

CAPÍTULO V. IMPACTO EDUCATIVO

Los centros escolares son considerados como una organización clave para el desarrollo del currículum de estudio, para el aprendizaje de los alumnos y para la actividad de los maestros, de ahí que se subraye la importancia de plantear que la estructura organizacional de la escuela actual tiene efectos sobre el trabajo del maestro, los procesos, su práctica docente, así como en las funciones, tareas, roles y actividades que realiza.

Pero no sólo tiene efectos sobre el proceso de enseñanza y aprendizaje, que es la esencia del rol del docente, sino que también sobre la forma como se relaciona con las demás personas que trabajan en el centro escolar, así como de aquellas otras personas que, aunque no trabajen en éste, también interactúan con ellos.

De igual manera, la estructura de la escuela determina la manera como se dan las interacciones entre sus miembros, la forma y el tiempo, así como también los espacios que esta estructura y su normatividad determinan, como son las reuniones colegiadas, los consejos escolares, la asociación de padres de familia u otros.

De la misma manera, esta estructura determina la manera como se construyen sus valores y creencias; es decir: su cultura, en manifestaciones que evidencian cómo se comunican, cómo se distribuyen los recursos materiales, la información, así como los mecanismos para compartir el conocimiento (González, 2003).

En este sentido, es importante distinguir que el "trabajo del conocimiento" del maestro es distinto al trabajo industrial, al artesanal, al técnico o al profesional, por lo cual recientemente le han denominado de esa manera, para resaltar el papel que realiza una persona que recaba, procesa, modifica y organiza la información, para solucionar los problemas que se le presentan, de manera que la práctica del docente se entiende ahora como trabajo de conocimiento (Flores, E. y Holguín, L. 2007).

Sin embargo, los estudios realizados sobre este tipo de trabajo, se han centrado tradicionalmente sobre lo que el docente hace en el aula, por lo cual, al centralizarlo demasiado en el ambiente áulico, provoca que los problemas de calidad y equidad educativa se siguen agravando, causando la paradoja de que entre más se sabe sobre cómo se aprende y cómo se enseña, peor resulta el proceso educativo y menos resultados se logran (Flores, E. y Flores, M. 2007).

Es así como tradicionalmente se han destacado dos temas en el estudio realizado sobre el trabajo del maestro: el primero tiene la tendencia de describir su trabajo, en función con sus capacidades oficiales, como empleados de organizaciones formales, de forma que se estudian como sujetos con obligaciones, derechos y responsabilidades, enmarcados en una normatividad burocrática de la estructura organizacional formal.

De esta manera, el problema de los resultados educativos y la calidad del trabajo docente, se centran entonces en mejorar su formación inicial, así como durante la vida profesional; es decir, la solución radicará en proporcionar cursos de capacitación y títulos formales (Biddle, Good y Goodson, 2000).

Entonces, a los maestros, como responsables directos de la educación de los estudiantes, se les da una serie de materiales como libros o material didáctico; se les asignan espacios como aulas; se distribuyen horarios para el uso de espacios compartidos, como los patios de la escuela y otros anexos, entre otros recursos y apoyos que se le proporcionan para que realice sus tareas, motivados por sus salarios, así como por la normatividad, la cual los obliga moralmente a realizar, de la mejor manera, su función.

Mientras que la segunda visión sobre el trabajo de los profesores destaca las realidades a las que se enfrentan, lo que realmente ocurre en el aula y en la escuela misma, como parte del sistema escolar, donde se enfrentan a una práctica docente afectada por las limitaciones de los recursos de la escuela, el manejo del currículo de los planes y programas de estudio, así como del conocimiento que se tiene de éstos.

Aunado a la confusión o poca claridad de los objetivos de la política educativa, como de los mismos objetivos y metas de la escuela, están el lidiar con alumnos indisciplinados e intransigencias de los padres de familia y del director escolar, de forma que, bajo esta visión, se considera que la realidad de la profesión docente no sólo le plantea al profesor problemas como la indisciplina o los conflictos, sino que también se enfrenta a la escasez de material didáctico, a la falta de tiempo para realizar la multiplicidad de actividades encargadas, a la insuficiencia de espacios, falta de claridad en la información, así como la carencia de momentos y tiempos para el trabajo colegiado en el que se puede compartir y construir el conocimiento, con lo cual también se impide la realización de las tareas docentes asignadas y, por consecuencia, la insatisfacción de los resultados educativos obtenidos (Biddle, Good & Goodson, 2000).

Por ello es que, alrededor de 1990, empezaron a realizarse investigaciones sobre el trabajo del docente, con un enfoque distinto al que hasta ese entonces se tenía, distinguiéndose al trabajo del maestro del industrial, artesanal o al automatizado, considerándolo como trabajo de conocimiento, con las características antes descritas, donde es imprescindible que el docente recabe, procese, modifique y organice información para tomar decisiones e implantar soluciones a problemas específicos.

Esto tiene varias implicaciones, como considerar que, para llevar a cabo el trabajo de conocimiento, se requieren condiciones organizacionales y administrativas diferentes a los modelos industriales, en el entendido de que la escuela que está diseñada para realizar trabajo industrial produce efectos contrarios sobre las personas que tratan de realizar trabajo de conocimiento (Flores, E. y Flores, M. 2007).

Asimismo, en las escuelas donde se realiza el trabajo de conocimiento, los mejores maestros son aquéllos que logran trabajar con ideas generales e información específica, al mismo tiempo que definen problemas complejos sobre el aprendizaje de sus alumnos, para lo cual diseña soluciones "a la medida", con resultados adecuados y deseables.

En consonancia, para Hargreaves (2005), la enseñanza es también un oficio, un conjunto de tareas y relaciones humanas estructuradas de determinadas maneras, donde la escuela debe ser valorada como algo más que una estructura con edificio propio o un ambiente de aprendizaje para los alumnos, para ser reconocido como el centro de trabajo para los profesores, donde se lo apropien, de manera tal que está estructurado por medio de recursos y relaciones que pueden hacer que el trabajo sea más fácil o más difícil.

Por ello es que el trabajo del maestro va más allá de sólo dar clases: es un trabajo que se ha hecho más complejo, con numerosas actividades que implican analizar la problemática, recabar información, procesarla, plantear alternativas de solución, compartirlas y acordarlas con otros maestros, con el fin de socializar el conocimiento, construir la experiencia y compartirla.

Para lograrlo, se requiere una atención especial a las actividades que el docente realiza, aparte del trabajo en el aula, como es su participación en las decisiones, el trabajo colegiado y constructivo con los demás maestros, además del compromiso compartido para perfeccionar su práctica, con lo cual logra una influencia real en el aprendizaje de los alumnos.

Al mismo tiempo que se requiere que el maestro demuestre ante sí y sus compañeros el dominio de sus destrezas, que asuma un papel de liderazgo, que comparta sus trabajos y colabore en las decisiones, además de estar en capacidad de aconsejar a los demás, de acuerdo con sus experiencias y saberes.

Como consecuencia, el trabajo de conocimiento requiere que los maestros dejen de estar aislados, para que se puedan construir una cultura técnica común y una base de conocimiento colectiva, para que cada vez que se presente un problema, se realice un trabajo colaborativo, que defina y genere soluciones.

De esta manera, esta tesis sostiene que el problema de la calidad de la educación y sus bajos resultados, no se debe a la naturaleza del trabajo del maestro, a sus capacidades o características individuales, sino más bien a la manera como la estructura organizacional de la escuela actual influye con su modelo de trabajo industrial, sobre la actividad del maestro, sus circunstancias y contexto, en donde debe reconocerse que las estructuras básicas de los centros escolares y de enseñanza se establecieron en el pasado; sin embargo, estas estructuras han sufrido modificaciones debido a varias causas, sobre las cuales es necesario actualizar las prácticas (Hargreaves, 2005).

La primera de las causas de este cambio, refiere al propio dinamismo de la sociedad, que de una u otra forma demanda cambios a sus demás organismos que la integran; entre ellos, a la escuela.

La segunda es que los elementos cambiantes que están en el contexto convergen en el aula; es decir, los maestros, alumnos y padres de familia son algunos de los elementos propios del contexto que son afectados por los cambios, de forma tal que su propia evolución repercute en lo que ocurre en la escuela y en el desempeño de sus roles.

Además, para Hargreaves (2005) los docentes son el elemento central del cambio educativo, como de la mejora de la escuela, de ahí que todo intento de reestructuración y toda acción que se implemente deberá de considerar centralmente al docente, quienes no se limitan a implementar el currículum tal cual les dictan las indicaciones de los administradores de la educación, sino que lo elaboran y le dan significancia.

La tercera causa de la modificación de las estructuras de la organización escolar, es el mismo maestro que, debido a su preparación profesional, experiencia, orígenes, biografía, pensamientos, creencias, aspiraciones, lo que hacen y demás elementos que conforman su personalidad, van estableciendo procesos propios, cambiantes, que definen el cómo configura el trabajo que realiza en la escuela, la manera como incide en el proceso de aprendizaje de sus alumnos, así como su forma de actuar y su moral, de tal forma que estos elementos también definen las relaciones que establece con sus alumnos, con sus colegas y con los padres de familia.

Esto trasciende en una mutua influencia de la estructura escolar sobre el maestro y su trabajo, puesto que también el profesorado influye sobre la configuración de la organización escolar, tanto como sobre el trabajo docente, como lo considera Hargreaves (2005), quien presenta su tesis del cambio como consecuencia de las contradicciones que hay entre el paso de la sociedad moderna a una nueva etapa: el postmodernismo, la cual obliga al docente a ampliar su rol, solicitándole que se haga cargo de nuevos programas y obligaciones.

Por ello es que le impacta directa e indirectamente la postmodernidad, con la serie de fenómenos sociales, económicos y políticos que la caracterizan, como la globalización, las crisis económicas, la desintegración nacional, entre otros fenómenos sociales emergentes, en donde la sociedad encontró en la escuela el receptáculo donde se puede realizar "algo" con los alumnos y maestros para solucionar el problema.

De esta manera, se le asigna al maestro un rol que consiste en echar a andar actividades curriculares o de aprendizaje para que, desde las acciones que emprenda la escuela, se puedan disminuir los efectos de la crisis económica, la reconstrucción de la cultura de la nación, los problemas de migración, de ecología, de valores, entre muchas otras problemáticas, por lo cual en todas partes se prevé que el maestro y la escuela carguen con el peso de todos estos problemas.

Como consecuencia, se amplía la currícula con nuevos contenidos, para que el docente los aborde sin recibir previamente la formación para ello; al mismo tiempo que, ante los problemas financieros, los maestros tienen que realizar las acciones curriculares con un recorte presupuestal que les impide recibir los materiales o suministros requeridos para llevar a cabo esos nuevos roles, lo cual, de la mano de la multiplicación de las innovaciones de las ciencias, crea en los maestros responsabilidades que antes no tenían y que le generan una sensación de sobrecarga, reduciendo los tiempos de implementación y entrega, en lo que se llama "la cultura de la urgencia".

Paralelamente, si se presentan cambios vertiginosos en las teorías y preceptos científicos, se origina el cambio repentino de metas educativas, así como de planes y programas de estudio, donde los métodos y estrategias que utilizan los docentes, así como los conocimientos que los sustentaban, quedan obsoletos.

Ante esta perspectiva, las nuevas exigencias de la sociedad postmoderna, dice Hargreaves (2005), han llevado a los sistemas educativos de casi todo el mundo a generalizar las reformas curriculares en la educación básica, buscando desarrollar un modelo basado en las destrezas y la movilización de competencias en los alumnos.

Por tal razón, se busca que los docentes se incorporen a los requerimientos de la política educativa, para lo que se establece un mecanismo de evaluación y recompensas, con el fin de que se adhieran a modelos que se instituyen, lo que va ligado con la búsqueda de formación y capacitación, con fines de aprobación de la evaluación misma, más que para resolver problemas cotidianos, durante el desarrollo de su práctica docente.

Por ello es que Hargreaves (2005), al tratar de dilucidar qué hace que el maestro cambie o qué lo hace mantenerse firme a no hacerlo, implica comprender el lugar que ocupa en el proceso de cambio, por lo que si éste es proclamado por política y mandato oficial, probablemente tendrá serias dificultades para su implementación, tomando en cuenta que, para que tenga éxito, se requiere la participación activa de los maestro.

Sin embargo, muchas veces los cambios se generan a partir de las decisiones de los políticos o administradores, quienes concluyen que los bajos resultados de la educación son producto de la deficiente práctica profesional del maestro, ante lo que proponen controlarlos para que adquieran más destrezas, conocimientos o sean "más responsables", sometiéndoles a orientaciones curriculares obligatorias, evaluaciones externas, cursos sobre nuevos métodos de enseñanza, inclusive incentivos, para interesarlos en los programas de profesionalización vinculados a remuneraciones económicas o ante una presión de competitividad con otras escuelas, buscando aceptar las transformaciones para proteger a la escuelas y sus integrantes, en lugar de promover el deseo que se dirige al querer, a la realización, al progreso, a la proximidad de las personas y al amor hacia ellas, de tal forma que se desnaturaliza el sentido o el deseo de cambiar.

De aquí el interés por conocer los efectos que la estructura organizacional de la escuela afecta el trabajo del docente, para entender que no es suficiente con decir que las cosas están mal, que no se tiene solución viable o que los maestros están mal, sino que se hace necesario cambiar el enfoque de la investigación educativa: ya no basta entonces investigar sólo lo que ocurre en el aula, sino también estudiar cómo la estructura organizacional de la escuela afecta el trabajo del maestro.

CAPÍTULO VI. HISTORIA DE CASOS

Para ilustrar lo dicho en los capítulos anteriores, se ofrecen los resultados generales del empleo del método de estudio de casos múltiple, donde se compararon dos casos desarrollados con los mismos instrumentos, con el fin de identificar patrones comunes entre estructuras organizacionales similares, en el entendido de que, en un estudio de caso, se espera que la investigación abarque la complejidad de casos particulares, en donde se buscan los detalles de su interacción con el contexto, válido como un estudio colectivo o múltiple de caso, donde una de sus finalidades es construir una propuesta teórico-práctica para la constitución de un nuevo modelo, como "la nueva escuela", además del hecho de sumar hallazgos, encontrar elementos comunes, tanto como diferencias, con la intención de comparar información, como lo menciona Stake (2005).

Asimismo, reconociendo que el acercamiento al problema de estudio ha sido interpretativo, a partir de la construcción de los conceptos teóricos revisados en el marco teórico, mismo que fue construido una vez que se contó con la información empírica; es decir, siguiendo un proceso inductivo.

Por ello, primero se realizaron las entrevistas y posteriormente se analizaron e interpretaron los datos, con el fin de extraer conclusiones de manera sucesiva, con intención indagatoria donde los docentes entrevistados opinaron acerca de su trabajo en la escuela, de forma que los datos cualitativos obtenidos representan percepciones y puntos de vista sobre aspectos de su trabajo en la escuela (Hernández Sampieri, 2007).

Para ello, la muestra se situó en dos escuelas, con las siguientes características:

Características de las dos escuelas de la muestra

Características	Escuela A	Escuela B
Localidad	San Luis de la Paz, Guanajuato	San Luis de la Paz, Guanajuato
Nivel educativo	Preescolar	Preescolar
Turno (matutino, vespertino, nocturno, mixto)	Matutino	Matutino
Zona (urbana, suburbana, marginal, semi-rural, rural)	Urbana	Urbana
# de salones de clase	9	9
Promedio de grupos por grado (grupos/grados)	4	4
# de maestros responsables de grupo o de alguna disciplina académica	9	9
Total de alumnos	245	250
Promedio de alumnos por grupo	27	28
# de administradores (director[a], subdirector[a], coordinadores, jefe d departamento, prefectos)	1 –Directora	1 –Directora

Tabla 1: Datos de las escuelas analizadas.
Elaborada por los autores.

En cuanto al instrumento de medición, se empleó una cédula de entrevista, siguiendo con el protocolo debido, como lograr las autorizaciones necesarias, iniciar con saludo y explicación general del procedimiento de investigación, así como el establecimiento del "rapport" necesario, a partir de plantear ciertas preguntas como:

"Para empezar, platíqueme un poco sobre su escuela. ¿Hace mucho que trabaja en esta escuela? ¿Cuánto tiempo lleva dando clases? ¿Cómo son los alumnos?"

Una vez establecido el "rapport", se planteó cada una de las preguntas centrales de la investigación, haciendo las anotaciones en los instrumentos de las Figuras 1 y 2, cada vez que la persona entrevistada enunciaba un aspecto distinto.

Las preguntas detonadoras fueron:

"Y pensando en esta escuela donde trabaja ahora, ¿qué es lo que le facilita el trabajo?"

Una vez concluida la respuesta para esta pregunta y de registrar los aspectos enunciados se le leyó a la persona entrevistada lo registrado, a manera de recapitulación y se le dijo:

"A ver, entonces los aspectos que le facilitan el trabajo en esta escuelas son (repitiendo de preferencia casi textualmente los aspectos indicados por el entrevistado). ¿Alguno más?"

En los casos que se haya agregado otro aspecto más, se registró en el formato; en caso contrario, se pasó a la siguiente pregunta:

"Y pensando en esta escuela donde trabaja ahora, ¿qué es lo que le dificulta el trabajo?"

"Ahora bien, quiero que piense en las personas que tienen éxito aquí en la escuela. No quiero que me diga quienes son, pero quiero que me digan qué es lo que hacen, aunque para Usted eso que hagan no sea realmente exitoso o correcto".

"Ahora quiero que piense en las personas que NO tienen éxito aquí en la escuela. No quiero que me diga quienes son, pero quiero que me digan qué es lo que hacen, aunque para Usted eso que hagan no sea algo que representa un fracaso o algo incorrecto".

Una vez concluida la respuesta y la recapitulación para la cuarta pregunta y de registrar los aspectos enunciados, se le leyó lo registrado a manera de recapitulación general, dirigiéndose a la persona entrevistada de la siguiente manera:

"Esta fue la última pregunta. Lo que usted me ha comentado es que los aspectos de la escuela donde trabaja que le facilitan el trabajo son (recapitulación), y los que le dificultan el trabajo son (recapitulación). Las personas que tienen éxito en esta escuela normalmente hacen (recapitulación) y las personas que no tienen éxito hacen (recapitulación). ¿Si registré bien la información o debo corregir algo?"

"¿Algo más que quisiera agregar, de los aspectos que facilitan y dificultan el trabajo, o de las acciones que realizan las personas que tienen éxito y las que no tienen éxito?"

De esta manera, se agregó algún aspecto más cuando la persona entrevistada aportó algún agregado; finalmente se terminó la entrevista de la siguiente manera:

"¡Muchas gracias! Cuando tengamos los resultados se le hará llegar".

Y se registraron las respuestas de la entrevista en concentrados como el que aparece a continuación:

Escuela A Maestro # _____ Fecha: _____	
Facilita	**Dificulta**
Éxito	**No Éxito**

Figura1. Hoja de Registro (anverso).
Diseñada por los autores.

Escuela A Maestro # _____ Fecha: _____
Impresiones del entrevistado
Notas sobre la entrevista

Figura 2. Hoja de Registro (reverso).
Diseñada por los autores.

Por otro lado, en lo que respecta a la recolección de datos en los estudios cualitativos, la finalidad reside en analizar y comprender esta información para así dar respuesta a las preguntas de investigación y, por consiguiente, generar conocimiento.

Cabe aclarar que, aunque las respuestas dadas no se refieren a variables numéricas, de igual forma la información se utilizó para hacer conteos y frecuencias de las respuestas que se asemejaron entre las respuestas dadas por las personas entrevistadas, como un punto de comparación.

De esta forma, una vez concluidas las entrevistas, se revisaron los registros de cada una de ellas, se procedió a capturar y procesar la información, ubicando las respuestas en sus respectivas categorías y subcategorías que se establecieron con este fin, siendo las categorías los niveles en los que se caracterizan y clasifican las unidades de análisis, para permitir agrupar respuestas similares, mismas que se presentan a continuación:

Descripción de las 10 categorías para agrupar respuestas

Categoría	Descripción de la categoría
1. Recursos	Cuando la respuesta se refiera a recursos materiales (libros, equipo, dinero, materiales didácticos, etc.)
2. Espacios	Cuando la respuesta se refiera a espacios físicos para trabajar en (salones, salas de juntas, canchas, etc.)
3. Tiempo	Cuando la respuesta se refiera a tiempo necesario para realizar el trabajo (tiempo de clase, tiempo para hablar con padres, tiempo para planear, etc.)
4. Relaciones	Cuando la respuesta se refiera a relaciones con otras personas (colegas, administrativos, padres, comunidad, etc.)
5. Interacción	Cuando la respuesta se refiera a interactuar de manera esporádica, continua, o en función de un evento o circunstancia con otras personas (alumnos, directivos, colegas, padres, etc.)

6. Conocimiento	Cuando la respuesta se refiera a tener conocimientos o habilidades desarrolladas en diferentes áreas para realizar el trabajo (cursos de capacitación, conocimiento de materiales actualizados, programas académicos para maestros, conferencias, etc.)
7. Información	Cuando la respuesta se refiera a contar con o generar información necesaria para realizar el trabajo (datos sobre alumnos, reportes de calificaciones, resultados de exámenes estandarizados, información sobre eventos que se van a realizar, etc.)
8. Apoyo Interno	Cuando la respuesta se refiera a contar con el apoyo de colegas o directivos de la misma escuela cuando hay algún problema, alguna necesidad, o alguna iniciativa (que el director apoye al maestro cuando hay un problema con un alumno, que otros maestros apoyen para realizar alguna festividad de la escuela, etc.)
9. Apoyo Externo	Cuando la respuesta se refiera a contar con el apoyo de personas que no trabajan en la escuela (aunque tengan alguna relación o se presenten ocasionalmente) cuando hay algún problema, alguna necesidad, o alguna iniciativa (representante sindical, inspector, padres de familia, autoridades educativas, colegas de otras escuelas, etc.)
10. Otros	Cuando la respuesta no pueda clasificarse en alguna de las 9 categorías anteriores.

Tabla 2: Unidades de análisis (categorías).
Elaborada por los autores.

Concretamente, se extrajeron las siguientes categorías y subcategorías:

Subdivisión de las Categorías en Sub-categorías

Categorías	Sub-categoría
Recursos	Equipo
	Material de apoyo
	Material didáctico
	Mobiliario
Espacios	Limpieza
	Patio
	Salón
	Servicios
Tiempo	Horarios
Relaciones	Maestros
	Alumnos
	Padres de familia
Interacción	Actitud
	Compromiso
	Organización
	Reuniones
Conocimiento	Capacitación
	Competencias
Información	Alumnos
	Trabajo administrativo
Apoyo interno	Directora
	Docentes de apoyo
	Intendente
	Maestras

Apoyo externo	Autoridades
	Familia de la maestra
	Padres de familia
Otros	Grupo
	Ubicación

Tabla 3: Unidades de análisis (categorías y subcategorías). Elaborada por los autores.

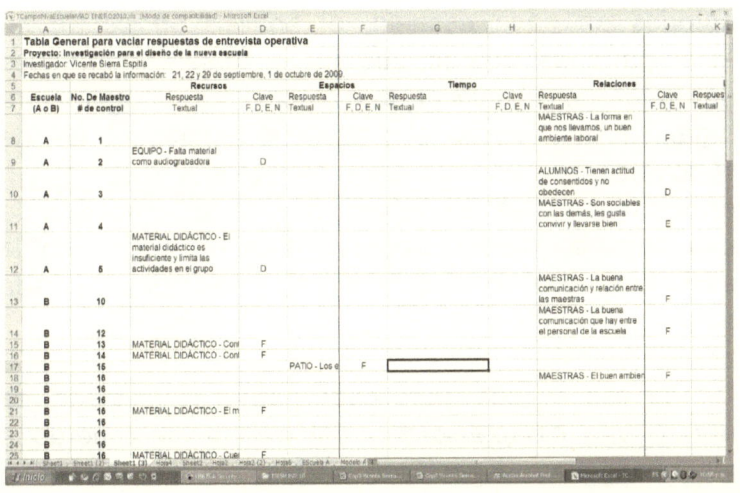

Figura 3. Hoja de Excel para vaciar información obtenida. Diseñada por los autores

Posteriormente, para el análisis de la información, se identificaron los patrones de respuesta más comunes de cada escuela (A y B), utilizando la tabla general en Excel (Figura 3), para después identificar los patrones de respuesta dados por el mayor número de maestras diferentes, siendo mayor al 50% de ellas.

De esta manera se identificaron qué respuestas fueron las más frecuentes por categoría, y que hayan sido presentadas por maestros diferentes, con lo cual no se buscó detectar cuántas respuestas se emitieron por cada categoría, sino más bien lo importante fue identificar dónde hay mayor cantidad de maestros que se refirieron en sus respuestas a tal o cual categoría; esto es, encontrar un patrón de respuesta, que es lo que interesa.

Una vez obtenidos los patrones de respuesta más notorios en cada escuela, el análisis se centró en estos patrones, que son los que interesan en términos de tratar de identificar los efectos de la estructura organizacional sobre el trabajo del maestro. Es de suponerse que sólo aquellos aspectos que se repiten en las respuestas de 50% o más de las maestras de una escuela pueden deberse a la estructura de la escuela y no a las características personales de cada maestro.

Por ello es que, para cada patrón identificado, se realizó una caracterización del mismo de acuerdo a las respuestas específicas dadas por las maestras, es decir, describir cuidadosamente el aspecto e identificar los posibles efectos estructurales que pueden observarse en otras escuelas, para lo que se auxilió en función de las claves F, D, E y N asociadas al grupo de respuestas ¿Notablemente favorece o dificulta? ¿Notablemente se asocia al éxito o a no tener éxito? ¿O hay diferencias entre cómo se relaciona?

Con esta información se genera un modelo para la estructura de la Escuela A (con los patrones de respuesta más marcados de las maestras de la Escuela A), y un modelo para la estructura de la de la Escuela B (con los patrones de respuesta más marcados de las maestras de la Escuela B). De esta manera, estos dos modelos se comparan entre sí, para identificar si hay patrones comunes a ambas escuelas, que son los que tienen la mayor probabilidad de ser efectos de la estructura tradicional de la escuela, más que variaciones generadas por una sola escuela en relación a su contexto específico y a las características individuales de sus maestros.

El resultado de este análisis, con los dos modelos de estructura, permitió relacionar los hallazgos y los modelos desarrollados con la literatura revisada en los capítulos antecedentes, determinando qué es lo que se confirmó con los hallazgos. De igual manera, se revisaron las semejanzas identificadas en las dos escuelas, y por otro los patrones distintivos que se dan en una y no en la otra, así como las posibles explicaciones para las semejanzas y las diferencias.

6.1 Resultados de la Escuela A

Una vez analizados los datos en la Tabla 4, se identifica que hay respuestas que se asemejan, lo que permite definir por lo menos cuatro patrones comunes de respuesta para identificar los efectos de la estructura organizacional que los docentes entrevistados refieren sobre su trabajo. Para ello, en los siguientes párrafos se describen de acuerdo en al orden por la mayor frecuencia en las respuestas dadas: *Respuesta específicas con mayor número de frecuencias de la Escuela A*

Categorías	Frecuencia	Subcategoría	Frecuencia		F	D	E	N
Recursos	8	Equipo	1	11%	0	1	0	0
		Material de apoyo	2	22%	1	1	0	0
		Material didáctico	7	78%	4	4	0	1
		Mobiliario	1	11%	0	1	0	0
Espacios	5	Limpieza	0	0%	0	0	0	0
		Patio	2	22%	0	2	0	0
		Salón	5	56%	0	5	0	0
		Servicios	0	0%	0	0	0	0
Tiempo	2	Horarios	2	22%	0	1	0	1
Relaciones	9	Maestros	8	89%	6	1	5	5
		Alumnos	5	56%	1	2	3	4
		Padres de familia	6	67%	0	2	4	4
Interacción	9	Actitud	5	56%	0	0	5	2
		Compromiso	8	89%	0	1	8	8
		Organización	3	33%	2	1	0	0
		Reuniones	5	56%	4	1	0	1
Conocimiento	8	Capacitación	5	56%	2	1	4	2
		Competencias	4	44%	1	0	4	2
Información	0	Alumnos	0	0%	0	0	0	0
		Trabajo administrativo	0	0%	0	0	0	0
Apoyo interno	9	Directora	7	78%	7	0	0	0
		Docentes de apoyo	2	22%	2	0	0	0
		Intendente	1	11%	1	0	0	0
		Maestras	3	33%	2	0	1	0
Apoyo externo	8	Autoridades	2	22%	1	1	0	0
		Familia de la maestra	0	0%	0	0	0	0
		Padres de familia	8	89%	6	5	0	0
Otros	3	Grupo	1	11%	1	0	0	0
		Ubicación	2	22%	2	0	0	0

Tabla 4: Respuestas de la escuela
A. Elaborada por los autores

Relaciones con otras maestras. Ésta es una de las cuatro categorías con mayor frecuencia pues 100% de los entrevistados expresaron respuestas que tienen que ver con las relaciones que se establecen entre las personas que interactúan en la escuela, por lo que esta categoría es una de las más significativas.

De acuerdo a las subcategorías que se establecieron, 89% expresaron respuestas que tienen que ver con las relaciones que se establecen entre ellas y el 67% considera que establecer buenas relaciones entre los docentes les facilita su trabajo, pero también 56% respondieron que estas relaciones tienen efectos para tener éxito. Los siguientes son ejemplos de las respuestas dadas:

"Lo que me facilita el trabajo es el buen ambiente que hay entre las personas".

Maestra 7.

"Las compañeras respetan las actividades que yo realizo, respetan mi trabajo y no lo atacan, eso facilita mi trabajo".

Maestra 2.

Relaciones: con los padres de familia. En esta misma categoría, se encuentra también de manera significativa las respuestas del 67% de las personas que expresaron también la importancia de las relaciones con los padres de familia y cuatro de ellas lo relacionan con el efecto de tener o no éxito. En menor cantidad de frecuencia, 56% expresaron que las relaciones con los alumnos también tienen importancia, relacionándolo también con el efecto de tener o no éxito. Algunos ejemplos de respuestas de las personas que ilustran esta categoría son los siguientes:

"Las maestras que tienen éxito, llevan buenas relaciones con la mayoría de los padres de familia".

Maestra 6.

"No toman en cuenta la opinión y participación de los padres de familia en la planeación de actividades, por eso no tienen éxito".

Maestra 8.

Interacción: compromiso. De igual forma, esta categoría se considera altamente significativa pues 100% de las personas emitieron respuestas que se ubicaron en esta categoría, sus respuestas describen situaciones más centradas a los roles que asumen las maestras con el grupo escolar y sobre el cumplimiento de las actividades propias de la función docente; destaca la subcategoría compromiso con respuestas de 89% de las maestras, consideran la importancia que le dan al cumplimiento de sus actividades y roles que se les asignan propios de su función, también ocho de las nueve maestras dieron respuestas que ubicaron como efecto el tener o no éxito; en menor medida de importancia se encuentran las subcategorías de actitud y las reuniones, ambas con respuestas de sólo cinco de las nueve maestras (56%). Se presentan dos ejemplos de estas respuestas:

"Una maestra que tiene éxito, está puntual en todo, la entrega de documentos, reuniones y su planeación".

Maestra 7.

"Las maestras que no tienen éxito, realizan las actividades que se acuerdan en el órgano colegiado de la escuela, pero por obligación y en menos proporción e intensidad".

Maestra 6.

Apoyo interno: la directora. Para esta categoría hubo respuestas de nueve maestras (100%); en sus respuestas hacen referencia a los apoyos que reciben por parte de otras personas que laboran dentro de la misma escuela, tales como la directora, las otras maestras de grupo, los maestros de educación física y música, los intendentes; las respuestas de ocho maestras se ubicaron en el efecto de que este apoyo les facilita el trabajo. 78 % de ellas valoran considerablemente el apoyo que reciben de la directora como un facilitador de su trabajo. Los ejemplos de estas respuestas son los siguientes:

"El que la directora me apoya, me orienta cuando tengo problemas con un alumno o con padres de familia, eso me facilita el trabajo".

Maestra 2.

"La directora me facilita el trabajo, cuando me ayuda para resolver problemas con los padres de familia y cuando hay un accidente con algún alumno".

Maestra 7.

Apoyo externo: los padres de familia. Para esta categoría hubo respuestas de ocho de las nueve maestras (89%); en sus respuestas hacen referencia a los apoyos que reciben por agentes externos a la escuela como los padres de familia y las autoridades educativas o municipales.

De esta manera, las respuestas de seis maestras se ubican en el efecto de facilitar el trabajo, pero el mismo número como efecto de dificultar el trabajo; en las subcategorías la de mayor significancia es la que se refiere al apoyo que se recibe de los padres de familia, cuyos efectos son percibidos más como facilitador por las respuestas de seis maestras, pero también como elemento que dificulta su trabajo con respuestas de cinco maestras.

Las respuestas se refieren principalmente a la importancia de la colaboración de los padres de familia con la compra y entrega de material didáctico para las actividades de las maestras, el apoyo en las tareas de los alumnos y el auxilio en las actividades que se le solicitan dentro y fuera del salón de clases. Algunos ejemplos de las respuestas son los siguientes:

"El trabajo de los padres de familia, su colaboración y el material que compran, eso me facilita mi trabajo".

Maestra 6.

"Los padres de familia exigen que se realicen actividades formales o memorísticas con los alumnos, eso no favorece su desarrollo, eso me dificulta el trabajo".

Maestra 7.

Recursos: material didáctico. Ocho de las nueve maestras (89%) dieron respuestas orientadas hacia los recursos materiales con que cuenta la escuela y que son necesarios para realizar su trabajo en el aula tales como equipo, diverso material de apoyo, mobiliario y material didáctico; siete de ellas manifiestan que la falta de estos recursos le dificulta su trabajo.

La subcategoría material didáctico es la más significativa con respuestas de siete maestras (78%), cuatro de ellas perciben que el material didáctico con que cuentan les facilita el trabajo en el aula, pero de igual manera cuatro consideran que hay carencia y que ello les dificulta su trabajo. Un ejemplo de estas respuestas son las siguientes:

"Se cuenta con material suficiente para realizar las actividades con el grupo".

Maestra 9.

"No se cuenta con el suficiente material porque algunos padres de familia no lo mandan, eso origina cambiar las actividades".

Maestra 7.

6.2 Resultados de la Escuela B

En la Tabla 5 se puede observar que hay por lo menos cuatro patrones de respuestas de acuerdo a la ubicación que se le dio a las respuestas de las nueve maestras frente a grupo que conforman la Escuela B, estos patrones se describen en los párrafos siguientes, conforme a un orden de acuerdo a la mayor cantidad de respuestas para las categorías.

Respuestas específicas con mayor número de frecuencias de la Escuela B

Categorías	Frecuencia	Subcategoría	Frecuencia		F	D	E	N
Recursos	8	Equipo	1	11%	1	0	0	0
		Material de apoyo	0	0%	0	0	0	0
		Material didáctico	7	78%	6	1	0	0
		Mobiliario	1	11%	0	1	0	0
Espacios	4	Limpieza	3	33%	3	0	0	0
		Patio	3	33%	3	0	0	0
		Salón	3	33%	2	1	0	0
		Servicios	1	11%	0	1	0	0
Tiempo	3	Horarios	3	33%	1	2	0	0
Relaciones	9	Maestras	9	100%	6	0	3	5
		Alumnos	5	56%	1	1	3	3
		Padres de familia	7	78%	2	0	5	3
Interacción	9	Actitud	5	56%	2	0	4	2
		Compromiso	9	100%	2	3	9	7
		Organización	6	67%	3	5	3	0
		Reuniones	2	22%	1	0	1	1
Conocimiento	8	Capacitación	6	67%	3	2	2	3
		Competencias	8	89%	1	0	8	2
Información	3	Alumnos	2	22%	1	0	1	0
		Trabajo administrativo	1	11%	0	1	0	0
Apoyo interno	6	Directora	4	44%	4	0	0	0
		Docentes de apoyo	2	22%	1	1	0	0
		Intendente	0	0%	0	0	0	0
		Maestras	3	33%	3	0	0	1
Apoyo externo	7	Autoridades	2	22%	2	0	1	0
		Familia de la maestra	1	11%	1	0	0	0
		Padres de familia	6	67%	5	2	0	0
Otros	0	Grupo	0	0%	0	0	0	0
		Ubicación	0	0%	0	0	0	0

Tabla 5: Respuestas de la escuela B. Elaborada por los autores.

Relaciones: con otras maestras. En esta escuela, nueve (100%) de las maestras expresaron respuestas que se ubicaron en esta categoría, dando importancia a las relaciones que se establecen entre las personas que interactúan en la escuela como son las relaciones maestra-alumnos, maestra-padres de familia, pero con mayor significancia la relación maestra-maestra, dando importancia a que las relaciones facilitan el trabajo y al mismo tiempo son importantes para que las maestras tengan o no éxito.

La subcategoría que se refiere a la relación con otras maestras tuvo respuestas de la totalidad de las maestras: nueve (100%), y seis (67%) de ellas consideran estas relaciones como un elemento que facilita su trabajo. Ejemplo de estas respuestas, son las siguientes:

"La buena comunicación y relación entre las maestras, eso me facilita el trabajo".

Maestra 10.

"Lo que me facilita el trabajo es la comunicación que hay y las buenas relaciones con todo el personal".

Maestra 13.

Relaciones: con los padres de familia. También es significativo para las maestras de la Escuela B las relaciones con los padres de familia, pues siete (78%) de las maestras igualmente expresaron su importancia, y además cinco (56%) le asignan como efecto el tener éxito. A continuación se presenta un ejemplo de las respuestas:

"Las maestras que tienen éxito, en la mañana platican con los padres de familia al momento en que recibe a los alumnos".

Maestra 12.

Interacción: compromiso. La categoría de "Interacción" tuvo respuestas de las nueve maestras (100%), en el que también el 100% de las maestras le dan referencia a actividades que realizan las personas que tiene éxito y 78% se refieren a lo que son acciones que no realizan o dejan de hacer las maestras que no tienen éxito; en sus respuestas describen acciones que tienen qué ver con cumplir con los compromisos propios de su rol como maestras, así como actitudes que se presentan ante las tareas propias de sus funciones.

De ahí que la subcategoría de "Compromiso" también tenga respuestas del 100% de las maestras y que la misma cantidad (100%) den respuestas sobre el cumplimiento de actividades que hacen las personas que tienen éxito y siete (78%) de las maestras dicen de aquellas actividades que se dejan de hacer o que no se cumplen y por ello, señalan que son maestras que no tienen éxito; se pude decir que estas frecuencias son las más significativas en la Escuela B. Algunos ejemplos de respuestas son las siguientes:

"Las maestras que tienen éxito, diariamente revisan su plan de clase y cuentan con todo el material para realizar las actividades, están atentos con sus alumnos cuando van al baño y en el recreo".

Maestra 12.

"Lo que hacen las que tienen éxito: se colocan frente a su grupo para juntos realizar los ejercicios físicos diariamente, cuando les toca la guardia se retiran de la escuela hasta que ya no hay niños ni maestra".

Maestra 18.

Conocimiento: competencias docentes. Se ubicaron respuestas de ocho maestras (89%), la misma cantidad que se consideraron cuando se les indicó que expresaran lo que hacen las personas que tienen éxito.

Estas respuestas se refieren a acciones como ir a cursos, talleres, diplomados, leer libros y otras relacionadas con la capacitación, pero sobre todo con acciones de demostración de ser competentes para realizar sus roles y funciones como maestras o saber hacer estas tareas y funciones, por eso se ubicaron en la subcategoría "competencias" con respuestas de ocho (89%) de las maestras y con la misma cantidad de personas que coincidieron en decir que es lo que hacen las personas que tienen éxito. Las siguientes respuestas son ejemplos:

"Saben cómo dirigir a los alumnos, muestran orden y armonía, utilizan actividades que atraen la atención de los alumnos, como cuentos".

Maestra 10.

"Se les facilita hacer observaciones por escrito de los logros y dificultades de sus alumnos".

Maestra 12.

Recursos: material didáctico. Para esta categoría hubo respuestas de las ocho maestras (89%). Estas maestras le dan gran importancia a los recursos materiales con los que cuentan en la escuela, especialmente 78% de ellas consideran que contar con el material didáctico les facilita realizar su trabajo. También siete personas se enfocan en la importancia que tiene el material didáctico y seis (67%) consideran que es un elemento que les facilita el trabajo en el aula. Algunas de las respuestas fueron las siguientes:

"Contar con mucho material didáctico en el aula y el que me prestan en la dirección, eso me facilita el trabajo".

Maestra 16.

Apoyo externo: los padres de familia. Para esta categoría hubo respuestas de siete de las nueve maestras (78%); en sus respuestas hacen referencia a los apoyos que reciben por agentes externos a la escuela como los padres de familia y las autoridades educativas o municipales; en esta escuela, seis maestras consideran que estos apoyos externos les facilitan el trabajo. De la misma manera, seis (67%) consideran de gran importancia el apoyo que se recibe de los padres de familia, cuyos efectos son percibidos más como facilitador de su trabajo como maestras por las respuestas de cinco de de estas seis maestras.

Las respuestas se refieren principalmente a la importancia de la colaboración de los padres de familia al llevar el material didáctico para las actividades diarias de las maestras, el estar pendientes del avance del aprendizaje de los alumnos y el apoyo en las tareas que se dejan para realizarlas en casa. Un ejemplo de respuesta es el siguiente.

"Los padres de familia me apoyan mucho, traen el material que se les pide y ayudan a sus hijos en las tareas de investigación".

Maestra 13.

6.3 Comparación de Resultados entre las Escuela A y B

Como se puede observar en la Tabla 6 y en la Figura 4, las Escuelas A y B presentan un patrón semejante en cinco de las subcategorías: "Recursos –Material didáctico", "Relaciones –Maestras" y "Relaciones –Padres de familia", "Interacción -Compromiso" y "Apoyo externo –Padres de familia", que son las más coincidentes de acuerdo a las frecuencias que se presentan en las respuestas dadas.

Al revisar y comparar los patrones de las Escuelas A y B por subcategorías, como se observa en la Tabla 6 y la Figura 4, los patrones se pueden comparar de mejor manera. Por ejemplo, para la subcategoría "Relaciones -maestras" en la Escuela B se encuentran respuestas de las nueve maestras (100%) y de las cuáles seis (67%) le atribuyen que estas relaciones entre las maestras les facilitan el trabajo; mientras que en la Escuela A ocho (89%) de las maestras responden a esta subcategoría y de igual manera seis (67%) al igual que en la Escuela B la relacionan con el facilitar el trabajo.

En ambas escuelas se dio mayor importancia a la relación que se establece entre las maestras, pero también se consideró las relaciones con los padres de familia siendo siete (78%) las maestras que dieron respuestas en la Escuela B, y seis (67%) de la Escuela A; pero solamente se en la Escuela B se le da significancia y relación con lo que hacen las personas que tienen éxito con respuestas de cinco (56%). La importancia a la relación entre las maestras, es tal que consideran que quien tiene buena relación con las otras maestras, se le facilitará el trabajo así como también lo relacionan con tener éxito o a la inversa, las maestras que no tienen éxito son aquellas que no tienen buenas relaciones con las demás personas, ni con los padres de familia.

Otra de las coincidencias en los patrones de ambas escuelas es la de la categoría "Interacción -Compromiso". En la Escuela B se encuentran respuestas del 100% de las personas, mientras que en la Escuela A es de ocho (89%) maestras; con una alta relación al considerar que aquellas maestras que cumplen con su funciones y sus roles como maestras, son aquellas que tienen éxito, y en el caso de no cumplir, serán aquellas maestras que no tienen éxito. Aunque se definieron otras subcategorías como "Actitud", "Organización" y "Reuniones", la que mayor significancia tuvo por la mayor frecuencia fue la de "Compromiso" donde las maestras describieron una serie de actividades al responder lo que hacen las personas que tienen éxito y las que no lo tienen, y que se relacionan con roles y funciones que realizan en su trabajo cotidiano.

Otra de las categorías que es similar en ambas escuelas es la de "Recursos –Material didáctico" con una frecuencia de un 78% en las dos escuelas, pero en la Escuela A no hay una frecuencia significativa en cuanto a sus efectos en el trabajo de las maestras, pero si en la Escuela B como un elemento que facilita su trabajo.

Para la subcategoría "Apoyo externo –Padres de familia", en la Escuela A se cuenta con respuesta de ocho (89%) de las maestras, dándole importancia como un elemento facilitador para el trabajo de la educadora; mientras que para la Escuela B sólo seis (67%) le dan importancia y de cinco (56%) de las maestras consideran que también es un elemento que facilita su trabajo.

Hay otras subcategorías que tienen significado en cada una en los patrones encontrados para las escuelas, pero por las diferencias entre las frecuencias de las subcategorías entre las escuelas, dejan de ser comunes para la comparación. Por ejemplo la subcategoría "Conocimiento –Competencias" es estadísticamente significativa para la Escuela B pero no para la A; las subcategorías "Apoyo interno -Directora" son también relevantes para la Escuela A pero no para la Escuela B.

Comparación entre los patrones de las Escuelas A y la B

Subcategorías	Frecuencias	
	Escuela A	Escuela B
Recursos -Material didáctico	7	7
Relaciones -Maestras	8	9
Relaciones -Padres de familia	6	7

Interacción -Compromiso	8	9
Conocimiento -Competencias	4	8
Apoyo interno -Directora	7	4
Apoyo externo -Padres de familia	8	6

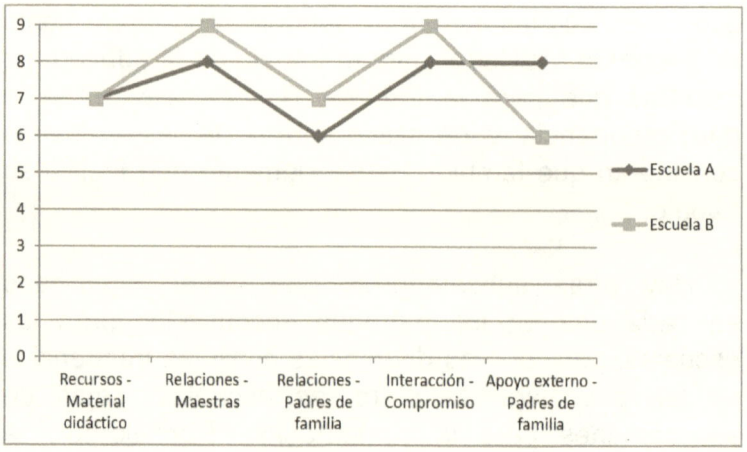

Figura 4. Comparación de los patrones
de las Escuelas A y B.

Por último, como sugerencias para estudios futuros o si se transfiere este conocimiento a otras circunstancias, se recomienda que en investigaciones futuras se pueda profundizar para conocer sobre los modos de cómo se relacionan los maestros como integrantes de una organización pues, como explica Hargreaves (2005), los modelos de relación, tanto como las formas de asociación, marcan las interpretaciones y significados que sus miembros le dan a lo que ocurre; al mismo tiempo, generan visiones compartidas y dirigen su actuar hacia el logro de la misma visión.

Es la forma como se generan valores, modelos y patrones compartidos sobre la vida organizacional, determinando el clima organizacional; lo que puede facilitar o dificultar el cambio educativo. Entonces, ¿qué elementos de la estructura organizacional influyen para que se defina una u otra forma o modelo de relación entre los maestros?

En esta investigación se define que, para las personas es de suma importancia cumplir en su práctica docente con el inventario de compromisos que describen. Para Hargreaves (2005) es necesario entender lo que hacen los maestros y por qué lo hacen. ¿De qué manera la estructura de la organización define el inventario de tareas que los maestros dicen que deben cumplir?, ¿qué elementos de la estructura organizacional determinan los diferentes niveles de compromiso de los maestros? Si bien, el cumplir con sus compromisos les ayuda a mantener el sentido del yo del maestro, su valor y dignidad en su trabajo, ¿hay relación entre el grado de cumplimiento de su trabajo con el grado del valor que le da el maestro a su trabajo?, ¿cuál es el grado de consistencia entre lo que piensan o dicen los maestros que es su compromisos a realizar y su nivel de cumplimiento de lo que hacen realmente?, ¿qué factores de la estructura organizacional no les permiten cumplir con los compromisos que se plantean?

Respecto a estas interrogantes específicas, surge una advertencia, para ser tenida en cuenta: Hargreaves (2005) menciona que las estrategias de trabajo de la escuela infantil son diferentes a las que se utilizan para los adolescentes; por ejemplo: transfiriendo la idea a que las maestras de preescolar consideran importante el apoyo de los padres de familia, se podría decir que posiblemente, en una escuela de educación secundaria este elemento no habría resultado significativo. ¿En qué grado disminuye la importancia que el maestro le da a la participación de los padres de familia conforme se asciende de grado escolar?, suponiendo que hubiera una relación de que a mayor sea el grado escolar, menor sea la importancia que se le da, entonces, ¿qué elementos de la estructura organizacional determina esta percepción del maestros?

Las maestras de preescolar le atribuyen gran importancia a contar con material didáctico para poder realizar su trabajo y cumplir con la función docente. ¿Habrá alguna diferencia en la importancia que el maestro le da a contar con material didáctico conforme se asciende de grado escolar?, ¿cómo explicar esta diferencia, si fuera así, desde la estructura organizacional?

Para González (2003), los recursos y la información, son dos elementos indispensables para que la organización escolar cumpla con sus procesos, mismos que a su vez permiten que la institución logre sus fines curriculares y sus objetivos; entonces ¿por qué para las maestras de ambas escuelas no fue significativo el contar información?, lo mismo ocurrió con otras categorías, ¿qué determina que las categorías como espacios y especialmente tiempo, no fueron temas significativos para las maestras de preescolar?

6.4 Patrones semejantes en las dos escuelas

Tal como lo menciona González (2003), la escuela está configurada por dimensiones organizativas: dimensión estructural, dimensión relacional, dimensión cultural, dimensión procesual y dimensión entorno; por consiguiente, la escuela es una organización multidimensional. Si bien, ambas escuelas en su dimensión estructural son casi idénticas, pero ello no significa que su funcionamiento, su cultura laboral y procesos sean completamente similares, como lo constatan los resultados encontrados en esta investigación, pues hay puntos en los que más o menos coinciden, pero también hay otros en los que son distintas; como la autora refiere, la estructura de una escuela no es una dimensión que explique todo el funcionamiento de la misma.

Como ya se comentó anteriormente, se establecieron cinco patrones de respuestas que son semejantes entre las Escuelas A y B, estos patrones corresponden a las siguientes cinco subcategorías: "Recursos –Material didáctico", "Relaciones –Maestras" y "Relaciones –Padres de familia", "Interacción -Compromiso" y "Apoyo externo –Padres de familia", y que son las más coincidentes de acuerdo a las frecuencias que se presentan en las respuestas dadas por las maestras entrevistadas.

1. Relaciones: con otras maestras. Las maestras en la Escuela A, como las de la Escuela B, prioritariamente dan respuestas que tienen qué ver con las relaciones que se establecen en las escuelas, entre las mismas maestras así como con los padres de familia; en ambas escuelas mayoritariamente consideran que establecer buenas relaciones entre ellas mismas, así como de ellas con los padres de familia, les facilita su trabajo, y en el mismo análisis se considera que la mayoría de las personas piensan que quienes tienen buenas relaciones también tienen éxito en el trabajo.

Esto permite considerar que la organización escolar no sólo es una estructura formal de puestos y funciones reguladas por una normatividad que se tenga qué seguir, sino que también es una trama de relaciones e interacciones que se establecen entre las personas que la integran; de tal forma que los modos como se relacionan cotidianamente los miembros de una organización, marcan en gran medida también los significados e interpretaciones de lo que ocurre en la institución escolar.

En esta misma dimensión relacional se establecen las relaciones micropolíticas en que entran en juego los intereses, el poder, la influencia, los conflictos y los pactos, el control y las negociaciones; también se establecen las relaciones profesionales que configuran el funcionamiento educativo de la institución en torno al currículo y la enseñanza; como ejemplo se mencionan algunas de las expresiones de las maestras: *"la buena comunicación y relación entre las maestras, eso me facilita el trabajo"*, *"lo que me facilita el trabajo es la comunicación que hay y las buenas relaciones con todo el personal"*.

Estas relaciones profesionales de trabajo entre los docentes, se ven determinadas por los valores y creencias que predominan en sus miembros, de tal manera que se establecen determinados tipo de patrones relacionales, mismos que determinan el clima organizacional de la escuela, afectando las dinámicas de trabajo, el grado de satisfacción y de cohesión, de participación o de conflicto entre sus miembros (González, 2003).

2. Relaciones: con los padres de familia. En este mismo sentido, Hargreaves (2005) considera que las culturas de la enseñanza comprenden creencias, valores, hábitos y formas de hacer las cosas, es decir, influyen en las relaciones que se establecen entre los maestros y demás personas que en la escuela interactúan, incluyendo a los padres de familia, de la misma forma influyen en el trabajo docente que realizan y en las estrategias de enseñanza que llevan a cabo; su trabajo y estilo de enseñanza en aula está fuertemente orientado por las perspectivas y orientaciones de los otros maestros con los que trabaja.

Por eso las culturas y relaciones entre ellos están entre los aspectos más destacados de su vida y trabajo, de aquí que las personas de ambas escuelas le den la mayor importancia a cuidar y mantener buenas relaciones con las demás maestras y con los padres de familia, considerando estas relaciones como uno de los aspectos más importante que les facilita el trabajo, así como para tener éxito en el mismo; por ejemplo, dice una de ellas: *"las maestras que tienen éxito, en la mañana platican con los padres de familia al momento en que recibe a los alumnos"*.

3. Interacción: compromiso. Otra de las semejanzas entre ambas escuelas, es la importancia que le dan las personas al cumplimiento de sus funciones, por ello que la subcategoría interacción-compromiso sea otra de las que tuvieran respuestas del 100% de personas de la Escuela B y respuestas de 89% de personas de la Escuela A; estas respuestas fueron a las preguntas ¿qué hacen las personas que tienen éxito? y ¿qué hacen las que no tienen éxito?, es entonces cuando describen situaciones más centradas a los roles que asumen las maestras con el grupo escolar y sobre el cumplimiento de las actividades propias de la función docente, interpretándose como la importancia que le dan al cumplimiento de sus actividades y roles que se les asignan propios de su función.

Las mismas interacciones que se establecen entre las maestras, les permite compartir creencias, ideas y concepciones de lo que debe hacerse en la función de docente; por ejemplo para Senge (1998), la estructura influye sobre la conducta de las personas, de tal forma que estas creencias que se comparten y que están inmersas en la cultura institucional de la escuela, permite perfilar una visión compartida de lo que las maestras deben de realizar para tener éxito en su trabajo, al mismo tiempo que se refuerzan esas creencias y valores que se comparten en la cultura institucional y que se constituyen en patrones estructurales, arquetipos sistémicos o estructuras genéricas, en una visión compartida y perfeccionar sus modelos mentales compartidos.

En este patrón, las respuestas de las personas describen acciones que realizan durante la jornada escolar, así como actividades extraescolares propias de su función como una autoexigencia y exigencia para las demás; algunas expresiones que ejemplifican son: *"la maestra que tiene éxito está puntual en todo, la entrega de documentos, reuniones y su planeación, cumplen con sus comisiones, llega puntual, diariamente revisan su plan de clase y cuentan con el material para realizar las actividades"*.

Como lo señala Hargreaves (2005) si queremos entender lo que hacen los maestros y por qué lo hacen, se tiene qué comprender la comunidad educativa y su cultura de trabajo, se puede ver su cultura por lo que piensan, dicen y hacen. La evidente preocupación de las maestras de ambas escuelas en relación a la interacción-compromiso y de ser esta subcategoría una de las que mayor frecuencia tiene en relación a los efectos de éxito o fracaso.

Puede explicarse también en lo que Hargreaves (2005) refiere en que los maestros encuentran mayor satisfacción en aquellas acciones que realizan con sus alumnos y en el salón de clase, es decir aquellas "recompensas psíquicas de la enseñanza" y que mantienen el sentido del yo del maestro, su sentido de valor y dignidad en su trabajo, es una preocupación por la asistencia a otros y es esta interacción la que motiva sus acciones y su constante preocupación por lograr y cumplir con su "compromiso" con la ética de la atención a sus alumnos, entonces por eso se resaltan en sus respuestas las obligaciones profesionales y se insiste en su perfeccionamiento, a la vez que resalta su individualismo inseguro y busca la seguridad y la aprobación de su quehacer en la opinión de las otras maestras, buscando también mantener buenas relaciones y colaboración con ellas.

4. Apoyo externo: los padres de familia. Aunque en la Escuela A las frecuencias son mayores que en la Escuela B, se comparte entre las personas la idea de que se requiere del apoyo de los padres de familia, para tomar en cuenta su opinión y aprobación de que lo que están realizando en el aula son actividades aprobadas y apreciadas por los papás; este aspecto se relaciona con el concepto que maneja Hargreaves (2005) de las "recompensas psíquicas de la enseñanza", ya que si los niños pequeños de preescolar no pueden realizar acciones de "agradecimiento" puede ser significativo que se considere a los padres de familia como esta fuente de reconocer que se aprecia el apoyo a los alumnos; las respuestas de las personas se ubicaron en el efecto de que este apoyo que reciben de los padres de familia les facilita el trabajo, por ejemplo expresan: *"facilita el trabajo cuando los padres de familia proporcionan el material que se les solicita, el apoyo que de ellos se recibe en lo económico y en lo material, así como su participación en los eventos, en las actividades dentro y fuera de la escuela".*

Por otro lado, también puede explicarse con relación a que toda institución escolar requiere de apoyo externo para realizar sus procesos técnicos, principalmente requiere información y recursos (González, 2003); para lograr la obtención de estos elementos que son indispensables para que la organización sus fines y objetivos debe establecer intercambios con su ambiente externo para poder sobrevivir.

Por esta razón, no es casualidad que las personas de ambas escuelas identifiquen en sus respuestas que el apoyo externo por parte de los padres de familia es el más importante para que se facilite su trabajo; en las respuestas dadas, se identifica que principalmente reciben apoyo de los padres de familia con relación al material didáctico que se requiere para la actividad pedagógica y el trabajo de enseñanza con los alumnos.

5. Recursos: material didáctico. En concordancia con lo descrito en el párrafo anterior, otro de los patrones que comparten ambas escuelas, es la importancia que las personas le asignan al material didáctico, especialmente como elemento que facilita el trabajo. Como lo señala González (2003), los recursos y la información que se obtienen del medio en el que se encuentra la escuela, son dos elementos indispensables para que la organización escolar cumpla con sus procesos técnicos, es decir todas aquellas acciones encaminadas al logro de sus propósitos sociales, especialmente el aprendizaje del currículo escolar; como ya se dijo, estos recursos para las personas de ambas escuelas se identifica como uno de los patrones, al recuso-material didáctico y que se obtiene a través del apoyo externo de los padres de familia como principal fuente de apoyo externo o del ambiente en el que se encuentra contextualizada la institución (González, 2003).

Pero de igual forma, si partimos de que la estructura influye sobre la conducta, las creencias, valores y visión de las personas como lo dice Senge (1998), dentro de lo que las maestras consideran como recursos necesarios para realizar su práctica de enseñanza, se circunscriben entonces a solicitar a la dirección de la escuela y especialmente a los padres de familia, sólo el material didáctico como principal recurso para lograr sus fines y objetivos educativos.

Por otro lado, como lo explica la misma González (2003), las demandas de recursos que hace la institución, deben estar ajustadas a las reglas y exigencias normativas que se establecen por la sociedad y por la misma organización de acuerdo a su estructura institucional; es debido a ello, que la misma estructura institucional y su normatividad establecida, modera y delimita la forma en cómo participan los padres de familia en los procesos de la escuela, así también especifica el tipo de recursos materiales que se pueden solicitar y proporcionar; las creencias y valores que las propias maestras tienen sobre sus acciones de enseñanza y lo que institucionalmente es correcto, les permite tener como modelo mental el solicitar a los padres de familia como apoyo, sólo el tipo de material didáctico para su trabajo.

6.5 Excepciones

En esta sección se mencionan las diferencias que hay entre ambos centros educativos, tras la comparación entre los resultados, durante el análisis de la historia de casos.

1. Apoyo interno- la directora. En el caso de la Escuela A, se presentan la subcategoría Apoyo interno-la directora como patrón de respuestas y que no aparecen en la Escuela B. Si bien, en sus respuestas hacen referencia a los apoyos que reciben por parte de otras personas que laboran dentro de la misma escuela, tales como la directora, las otras maestras de grupo, los maestros de educación física y música así como los intendentes, para la subcategoría apoyo interno-directora hubo respuestas del 78% de las maestras y la misma cantidad valoran considerablemente el apoyo que reciben de la directora como un facilitador de su trabajo.

Desde la perspectiva de Fullan & Stiegelbauer (1997), casi todas las descripciones del rol que le corresponde jugar al director de la escuela es el de ser el responsable de facilitar el cambio, ayudar a que los maestros trabajen juntos, evaluar y continuar las acciones para la mejora escolar; en particular las personas de la Escuela A consideran a la directora como un apoyo importante para la facilitación de su trabajo, desde el dar un consejo para mejorar la práctica docente, hasta intervenir como apoyo como esos triángulos humanos a los que se refieren estos autores cuando dicen las maestras que las ayuda la directora en la solución cuando se enfrentan a conflictos y reclamos de los padres de familia.

2. Conocimiento: competencias docentes. Para el caso de la Escuela B, se definió como patrón la subcategoría conocimiento-competencias docentes y cabe señalar que esta subcategoría no resultó significativa en las respuestas de las personas de la Escuela A. De tal manera que el 89% de las maestras de la Escuela B dieron respuestas a la pregunta que se refiere a lo que hacen las personas que tienen éxito, aunque también hubo respuestas relacionadas con la capacitación como ir a cursos, talleres, diplomados, leer libros, pero sobre todo con acciones de demostración de ser competentes para realizar sus roles y funciones como maestras o saber hacer estas tareas y funciones; la misma cantidad de personas coincidieron en decir que es lo que hacen las personas que tienen éxito, demostrar que hacen sus acciones "correctamente".

Este patrón se puede explicar a través de lo que Senge (1998) establece como el dominio personal, pues al preguntarles a las profesoras sobre lo que hacen las personas que tienen éxito, comunicaron a través de imágenes o visiones de lo que pudiera ser lo que ellas mismas hacen o consideran correcto hacer para el logro de sus objetivos. Algo también sobresaliente es que junto con la subcategoría de interacción-compromiso, son la que en mayor número de respuestas se ubican junto con la de conocimiento-competencias docentes en relación a lo que hacen las personas que tienen éxito.

6.6 Principales hallazgos

Los efectos más relevantes se describen a través de los patrones de respuestas que dan las personas. De esta manera, se encontró que las relaciones interpersonales que se dan entre las maestras es uno de los elementos que más facilita su trabajo y de igual manera, quien tiene buenas relaciones con otras maestras, también tiene éxito en su trabajo, pues mediante estas relaciones se pueden generar procesos de colaboración, se configuran visiones compartidas, modelos de relaciones y formas de asociación que determinan el clima laboral.

Esta interacción genera también entre ellas la definición de lo que deben ser las funciones, roles, tareas, actividades y comportamientos que se configuran como un inventario de compromisos que las personas deben de cumplir, de aquí su interpretación de que sólo aquellas que cumplan con estos compromisos que la estructura organizacional dicta en sus normas o creencias tendrán éxito en su trabajo. Si se quiere entender lo que hacen los maestros y por qué lo hacen, habrá qué comprender su comunidad educativa, cultura de trabajo, lo que piensan, dicen y hacen; cumplir con sus compromisos les ayuda a mantener el sentido del yo del maestro, su valor, tanto como su dignidad en el trabajo, su preocupación por servir son aspectos que motivan sus acciones, así como su constante preocupación por lograr y cumplir con su compromiso.

El apoyo de los padres de familia como un apoyo externo es otro de los efectos de la estructura que consideran facilita el trabajo, de ellos reciben principalmente recursos como lo es el material didáctico, que es otro de los elementos que ellas valoran para cumplir con su compromiso profesional y de esta manera tener éxito.

Por lo tanto, para tener apoyo y material didáctico de los padres de familia, entonces es necesario establecer buenas relaciones con ellos. González (2003) define que los recursos, como el material didáctico, es un elemento indispensable para que la organización escolar cumpla con los procesos y objetivos, así como el maestro con su función.

De acuerdo al pensamiento sistémico de Senge (1998), se puede decir que estos factores están interrelacionados de tal manera que a través de las interacciones y el establecimiento de las relaciones entre los docentes, se van definiendo lo que es importante realizar como funciones y roles a desarrollar en la estructura organizacional, de ahí que se defina también como importante el compromiso de cumplir con estas actividades para lograr los resultados previstos, pero tomando en cuenta la opinión de las mismas maestras y los padres de familia, en cuanto a que lo que se realiza es lo correcto.

Es decir, los docentes necesitan buenas relaciones y colaboración entre ellos; de las buenas relaciones con los padres de familia consiguen apoyo y material didáctico; todo esto les facilita el trabajo y pueden cumplir con sus compromisos profesionales, ante la opinión de los padres de familia y de las mismas maestras; todo esto es tener éxito en el trabajo.

CONCLUSIÓN

Considerando la premisa de que la eficacia formativa de cualquier nivel educativo depende de múltiples factores, habrá que reconocerse, en consecuencia, que los resultados no deben centrarse en unos cuantos elementos, como pueden ser el quehacer educativo del profesor, como tampoco responsabilizar a los recursos materiales o financieros con que se cuenta, ya que se evidenció que son determinantes también la organización y el funcionamiento de la escuela, así como de los apoyos que se reciben, pero también de las demandas y exigencias que se les hagan por parte de las autoridades educativas, de los padres de familia, de los alumnos, tanto como de las distintas instancias de la sociedad (SEP, 2004), con lo cual se hace entonces imprescindible que participen todos los actores sociales en la autogestión y mejora del servicio educativo.

Asimismo, a partir de plantearse la pregunta que fue el objetivo general y punto de partida de la investigación que dio lugar a este texto: "¿cuáles son los efectos de la estructura organizacional de la escuela actual sobre el trabajo del maestro?", con los objetivos específicos de no solamente contribuir con el aumento del acervo investigativo o de conocimiento que hasta ahora se tiene sobre los efectos específicos que tiene la estructura escolar sobre el trabajo que realiza el docente en el aula y en la misma escuela, sino que el conocimiento así generado pueda ser útil en la generación de un nuevo modelo organizacional para las escuelas de educación básica, con una nueva forma de administración educativa que contribuya a mejorar los resultados del logro educativo de los alumnos y de la propia institución.

Por ejemplo, de acuerdo con el pensamiento sistémico y con base en los resultados comparativos del estudio de casos múltiples, se recomiendan varias líneas de trabajo que deberán de desarrollarse simultáneas e interrelacionadas, como tomar en cuenta el desarrollo actual en el que se encuentran las escuelas en su estructura organizacional, su cultura y sus valores.

Por otro lado, transformar la organización escolar en una comunidad de aprendizaje, a partir de aprovechar las buenas relaciones que los maestros dicen tener para fortalecer los procesos de colaboración, colegialidad y de confianza que ya se tienen; asimismo, aprovechar el tiempo establecido para el Colegiado Escolar y toda posibilidad de tiempo para reunirse, con el fin de problematizar los procesos de la escuela y avanzar hacia la conformación de una comunidad de aprendizaje, lo que les permitirá poner en común sus problemas, sus expectativas de los compromisos a cumplir, experimentar nuevas formas de trabajo para iniciar un cambio en la práctica educativa, cuyo objetivo será el perfeccionamiento de la enseñanza.

De esta forma, los actores involucrados podrán construir su proyecto educativo escolar, de tal manera que contenga las acciones programadas a realizarse, como producto del consenso y de tomar decisiones compartidas; este proceso apoyará a disminuir los conflictos, la centralización de las decisiones y del poder, aumentando las posibilidades de obtener mejores resultados.

En ese sentido, las personas entrevistadas manifiestan un fuerte sentido de responsabilidad hacia el cumplimiento de su trabajo, pero de igual manera no hay suficiente claridad sobre los límites de lo que deben lograr; esta situación puede provocar sentimientos de frustración, creer que se debe hacer aún más o que nunca se hace lo suficiente; también puede provocar la rivalidad y la falsa competencia y, como consecuencia, terminar con las buenas relaciones y la colaboración que hasta el momento se cuenta como fortaleza.

Por ello es que la transformación de la escuela en una comunidad de aprendizaje sería el mejor espacio para compartir sus puntos de vista, sus creencias y sus saberes, de tal manera que se puedan aclarar y establecer los objetivos de la institución escolar, donde se delimitarían los alcances de la práctica de enseñanza, exponiendo y compartiendo sus creencias sobre lo que cada uno considera de qué se debe alcanzar con los alumnos, se definiría el inventario de compromisos.

De esta manera, el trabajo colaborativo no se limita a los espacios del órgano colegiado, sino que se deberán de formar equipos o pequeños grupos de trabajo y por afinidad, puedan proporcionarse apoyo mutuo, aclarar objetivos y metas comunes; discutir, acordar acciones a efectuar, así como evaluar las ya realizadas; establecer límites que se puedan alcanzar a fin de lograr que el trabajo del maestro le resulte estimulante; mantener una tensión creativa a través de metas y acciones alcanzables de acuerdo a su contexto, tomando en cuenta el dominio de las competencias docentes de cada maestra y en su conjunto como organización que aprende.

De la misma manera, es conveniente fortalecer las relaciones y el acercamiento con los papás y mamás de cada uno de los alumnos para lograr que se fortalezcan las relaciones, así como el aprecio que ellos tienen por las maestras de sus hijos; se les debe consultar permanente y sistemáticamente expectativas y exigencias que ellos tienen sobre las competencias a desarrollar en sus hijos y sobre cómo debe funcionar el centro escolar, pues son los mejores críticos que apoyarán en mantener la actitud de trabajo hacia la eficacia.

Cumplir con las expectativas y encaminar la escuela hacia la mejora continua, permitirá mejorar el apoyo de los padres de familia; surgirán nuevos problemas y expectativas a cumplir, la innovación y nuevas metas retadoras traerán necesidades distintas a las actuales, la transformación de los procesos de trabajo docente, material didáctico, mobiliario y equipo distinto al que hasta ahora se tiene; el apoyo de los padres de familia irá más allá de la cooperación económica y material, se requerirá diseñar situaciones de aprendizaje en las que será indispensable que los padres de familia estén dentro del salón de clase, serán asistentes educativos de las personas, formarán parte del Consejo Escolar y éste será el gobierno escolar.

Asimismo, se recomienda que sean los directores quienes dirijan no solamente lo que ocurre administrativamente en la escuela, sino también la transformación de la institución, siendo su primera acción la de compartir con los docentes toda preocupación que surja para que se problematice y se busque soluciones dentro de la comunidad de aprendizaje

De la misma manera, reflexionar constantemente sobre el papel que juega en la institución y los resultados de su actuación, si está facilitando o dificultando la eficacia del centro escolar y su transformación, al tiempo que debe conocer, analizar y comprender la cultura de la escuela, los grupos que en ella se forman, los valores e intereses que conforman las alianzas y los conflictos, para poder intervenir a favor de la armonía, tanto como de la coherencia de la institución; valorar cotidianamente el trabajo de las personas, como también las acciones de participación de los padres de familia; promover la colaboración entre los integrantes de la comunidad educativa y exponer constantemente lo que en ella se valora, como un vocero de la comunidad de aprendizaje, de los objetivos y metas del proyecto educativo escolar; su interacción con el personal de la escuela, ante el colegiado escolar y/o la comunidad de aprendizaje debe ser de una actitud propositiva más que impositiva o de dar órdenes, facilitar el trabajo de los docentes mediante la utilización de las medidas burocráticas y estar en constante contacto con el contexto general en el que se ubica la institución. El director siempre jugará un papel decisivo para dirigir el cambio y la mejora de la escuela, para diseñar la nueva escuela.

Asimismo, intentar identificar patrones comunes, para establecer estándares mínimos de calidad o eficacia, entre estructuras organizacionales similares ya que, si es cierto que la actual estructura organizacional de las escuelas es una causa importante de los problemas de desempeño que se han agudizado en los últimos quince años, donde se demuestra que el invertir más recursos de cualquier índole o el tener maestros y directivos mucho más preparados no va a resolver estos problemas de manera importante: incluso es posible que los agrave.

Por ello es que, considerando que el propósito es buscar la efectividad de las escuelas y la mejora de lo que ocurre en los salones de clase, Fullan y Stiegelbauer (1997) exponen que es necesario que los maestros realicen un trabajo de calidad y comprendan lo que hacen, a la par que se necesita otra condición, consistente en que la escuela esté organizada y sirva para estimular, tanto como para recompensar, los logros obtenidos.

Por esta razón, es necesario conocer los elementos que conforman a la organización del lugar de trabajo, pues se parte de la idea de que estos elementos son los que condicionan el trabajo del docente y los que facilitan o dificultan su tarea educativa; sólo así se podrá considerar qué reemplazar o cambiar de los elementos que integran al sistema, así como poder dilucidar cuáles son las relaciones que existen entre esos mismos componentes; es decir, se hace imperativo conocer los elementos de la estructura organizacional de la escuela (Fullan & Stiegelbauer, 1997).

REFERENCIAS

Biddle, B.J., Good, T.L. y Goodson, I.F. (2000). La enseñanza y los profesores I. La profesión de enseñar. Barcelona: Paidós.

Flores K., E., Holguín R., L. T. (2007, Noviembre 5 al 9). Efectos de la estrucutura de la escuela primaria sobre el aprendizaje organizacional. Ponencia presentada en el IX Congreso Nacional de Investigación Educativa, organizado por el Consejo Nacional de Investigación Educativa, A.C. y la Universidad Autónoma de Yucatán, Mérida, Yucatán, México.

Flores K., E., Flores F., M. (2007, Noviembre 5 al 9). El maestro como trabajador de conocimiento: Una perspectiva teórica alternativa par ala investigación sobre la práctica docente del maestro desde la administración educativa. Ponencia presentada en el IX Congreso Nacional de Investigación Educativa, organizado por el Consejo Nacional de Investigación Educativa, A.C. y la Universidad Autónoma de Yucatán, Mérida, Yucatán, México.

Fullan, M. G., y Stiegelbauer, S. (1997). *El cambio educativo: Guía de planeación para maestros.* (M. E. Moreno Candejas, Trad.). México, D.F.: Trillas.

González González, M. T. (2003). *Organización y Gestión de Centro Escolares: Dimensiones y Procesos.* Madrid: Pearson /Prentice Hall.

Hargreaves, A. (2005). *Profesorado, cultura y postmodernidad (Cambian los tiempos, cambia el profesorado) (5ª reimpresión).* Madrid: Morata.

Hernández Sampieri, R., Fernández Collado, C., Baptista Lucio, P. (2007). *Metodología de la Investigación.* México: Mc Graw Hill.

Miklos, T. (2006). Mejorar la calidad de la educación en México; compromiso urgente. Hacia un nuevo paradigma 2006-2012. En SNTE (Eds.), *IV Congreso Nacional de Educación: Educar es el camino. Tomo 1* (pp. 17-42). México, D.F.

Morfín, L. (2006). El México que queremos, y la educación que necesitamos. Un Proyecto de Nación construido desde la escuela entendida como un bien público estratégico. En SNTE (Eds.), *IV Congreso Nacional de Educación: Educar es el camino. Tomo 1* (pp. 43-76). México, D.F.

SEP. (2004). *Programa de Educación Preescolar 2004.* México, D.F.

Senge, P. (1998). *La quinta disciplina. El arte y la práctica de la organización abierta al aprendizaje.* México, D.F.: Garnica.

Stake, R. (2005). *Investigación con estudio de casos.* Madrid: Morata.

Tedesco, J. y Tenti Fanfani, E. (2006). Nuevos tiempos y nuevos docentes. En SNTE (Eds.), *IV Congreso Nacional de Educación: Educar es el camino. Tomo 2* (pp. 57-81). México, D.F.